KB046225

원문 손자 병법

으로의 여행

세상의 변화에 대처하는 지혜

편저 대한고전연구회
지음 손무

조조(曹操)가 손오병법 82편 중 정수(精粹)만을 추려 13편 2책으로 만든 책

[原文] 손자병법 13권 풀이와 해석
삼십육계의 해석과 실견 설명

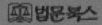 법문북스

【原文】

손자병법

【세상의 변화에 대처하는 지혜】

【 삼십육계(三十六計) 】의 해석과 실전 설명

◆ 제1계(計)부터 제6계(計)까지의 승전(勝戰)의 계(計) ▶26
제1계. 만천과해
제2계. 위위구조
제3계. 차도살인
제4계. 이일대로
제5계. 진화타겁
제6계. 성동격서

◆ 제7계(計)부터 제12계(計)까지의 적전(敵戰)의 계(計) ▶32
제7계. 무중생유
제8계. 암도진창
제9계. 격안관화
제10계. 소리장도
제11계. 이대도강
제12계. 순수견양

◆ 제13계(計)부터 제18계(計)까지의 공전(攻戰)의 계(計) ▶38
제13계. 타초경사
제14계. 차시환혼
제15계. 조호리산
제16계. 욕금고종
제17계. 포전인옥
제18계. 금적금왕

◆ 제19계(計)부터 제24계(計)까지의 혼전(混戰)의 계(計) ▶44
제19계. 주저추신
제20계. 혼수모어
제21계. 금선탈각
제22계. 관문착적
제23계. 원교근공
제24계. 가도벌괵

◆ 제25계(計)부터 제30계(計)까지의 병전(併戰)의 계(計) ▶50
제25계. 투량환주
제26계. 지상매괴
제27계. 가치부전
제28계. 상옥추제
제29계. 수상개화
제30계. 반객위주

◆ 제31계(計)부터 제36계(計)까지의 패전(敗戰)의 계(計) ▶56
제31계. 미인계
제32계. 공성계
제33계. 반간계
제34계. 고육계
제35계. 연환계
제36계. 주위상

【原文】 孫子兵法

◆ 원문과 해설

第一 [始計篇] 모든 일은 이해득실을 따져 정확한 계산을 하라. ▶63

第二 [作戰篇] 싸움은 속전속결로 빨리 끝내라. ▶79

第三 [謀攻篇] 싸우자 않고 이기는 것이 제일, 모략으로 공격하라. ▶93

第四 [軍形篇] 싸우기 전에 이길 수 있는 형세를 만들어라. ▶111

第五 [兵勢篇] 유리한 태세를 먼저 갖추고 기세를 만들어라. ▶123

第六 [虛實篇] 누구나 약점은 있다. 적의 허점을 찾아라. ▶140

第七 [軍爭篇] 유리한 지형을 차지하고 먼저 기선을 제압하라. ▶163

第八 [九變篇] 변화하는 상황을 정확히 판단하라. ▶183

第九 [行軍篇] 적을 움직이는 법, 내가 움직이는 법.
　　　　　　　군대를 기동할때는 지형을 이용하라. ▶191

第十 [地形篇] 지형에 따라 전술을 바꿔라. ▶213

第十一 [九地篇] 지형을 이용하라. ▶233

第十二 [火攻篇] 불로써 공격하여 전투력을 높여라. ▶273

第十三 [用間篇] 정보활동은 곧 승패와 직결된다. ▶285

손오병법(孫吳兵法)

중국 고대의 병법서(兵法書). 서(孫武) 춘추시대
오자(吳子)와 병칭(倂稱)되는 병법 칠서(七書) 중에서 가장 뛰
어난 병서로 흔히 《손오병법(孫吳兵法)》이라고 한다. 저자는
춘추시대 오나라 합려(闔閭)를 섬기던 명장 손무(孫武:BC 6세
기경)이며, 그가 바로 손자라고 하나, 일설에는 손무의 후손으
로 전국시대 진(晉)에서 벼슬한 손빈(孫)이라고도 한다. 사기
(史記)에는 손자 13편이라 하였으나 그 편목은 알 수 없으며,
한서(漢書) 예문지(藝文志)에는 오손자병법 82편이라 하여 병
서략(兵書略) 첫머리에 기재하고 주(注)에는 그림 9권이 있었
다고 하였다. 현재 전해지는 것은 13편으로 이것은 당초의 것
이 아니고, 삼국시대 위(魏)의 조조(曹操)가 82편 중에서 번잡
한 것은 삭제하고 정수(精粹)만을 추려 13편 2책으로 만들었
다고 한다.

13편의 편명은 계(計), 작전(作戰), 모공(謀攻), 군형(軍形), 병

세(兵勢), 허실(虛實), 군쟁(軍爭), 구변(九變), 행군(行軍), 지형(地形), 구지(九地), 화공(火攻), 용간(用間)으로 되어 있으며, '병(兵)은 국가의 대사(大事), 사생(死生)의 땅, 존망(存亡)의 길'이라는 입장에서 국책(國策)의 결정, 장군의 선임을 비롯하여 작전, 전투 전반에 걸쳐 격조 높은 문장으로 간결하게 요점을 설명하고 있다. 그 뜻하는 바는 항상 주동적 위치를 점하여 싸우지 않고 승리하는 것을 주로 하고, 또 사상적인 뒷받침도 설하고 있어 병서로서는 모순을 느낄 만큼 비호전적(非好戰的)인 것이 특징이다.

예로부터 작전의 성전(聖典)으로서 많은 무장들에게 존중되었을 뿐만 아니라, 국가경영의 요지와 인사의 성패 등에도 비범한 견해를 보이고 있어 인생문제 전반에 적용되는 지혜의 글이라 할 수 있다. 한국에서도 예로부터 많은 무신들이 이를 지침으로 삼았고, 조선시대에는 역관초시(譯官初試)의 교재로 삼기도 하였다. "남을 알고 자신을 알면 백번 싸워 백번 이긴다"는 명구도 담고 있으며, 《손자병법》이라는 이름으로 많이 인용 번역되고 있다.

세상의 변화에 대처하는 지혜

간단하게 보는

삼십육계(三十六計)의
해석과 실전 설명

제1계 만천과해【瞞天過海】
하늘을 가리고 바다를 건너다.

주도면밀하게 준비를 하면 나태해지고, 자주 보면 의심하지 않게 된다. 음(陰)은 양(陽) 속에 있는 것이지. 양의 대립편에 있는 것이 아니다. 태양(太陽)은 태음(太陰)이다.

태사자는 매일 아침마다 성에서 나와 적이 보는 앞에서 유유히 활쏘는 연습을 하고는 다시 성안으로 되돌아가는 일을 되풀이했다. 처음에는 이를 경계하던 적군의 정찰병들도 매일 되풀이되는 태사자의 모습에 나중에는 무심하게 되었다. 그러던 어느 날이었다. 그날도 평소처럼 성에서 활을 들고 나온 태사자는 갑자기 잽싸게 말을 타고 달려 적진을 빠져 나간 것이다.

제2계 **위위구조** 【圍魏救趙】
위나라를 포위하여 조나라를 구하다.

적을 공격하는 것은 분산시키느니만 못하고, 공개적으로 공격하는 것은 비밀리에 공격하느니만 못하다.

 전국시대에 위나라 대군에게 공격을 받아 도읍인 한단을 포위당한 조나라는 이웃의 제나라에게 구원을 요청했다.

제나라 장수 전기(田忌)가 급히 한단을 진격하려 들자, 제나라의 군사인 손빈이 다음과 같이 제안하였다.

"위나라 군사와의 정면승부는 우리 쪽에 불리합니다. 이런 때는 수비가 상대적으로 허술한 위나라의 수도를 공격합시다. 그러면 위나라는 한단의 포위를 풀어버리고 서둘러 철수할 것입니다. 그때를 노려서 공격하면 어떻겠습니까?"

결국 제나라는 대승을 거두었고 아울러 조나라도 구하게 되었다.

제3계 차도살인 【借刀殺人】
남의 칼을 빌려 사람을 해치다.

적은 분명하고 친구는 아직 정해지지 않았을 때, 남의 힘을
빌려 적을 치는 것은 자신의 힘을 쓰지 않고 '각출'로써 일이
진행되도록 하는 것이다.

상대를 공격할 때 자기가 직접 공격하지 않고 다른 상대
의 힘을 가지고 공격하는 전법이다.
싸우지 않고 이긴다는 원리에 입각한 중국인다운 전략이
라고 할 수 있다.

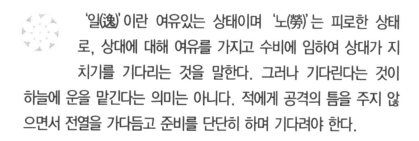

제4계 이일대로 【 以逸待勞 】
쉬면서 힘을 비축했다가 피로에 지친 적을 맞아 싸우다.

적의 세력을 약화시키는 것은 꼭 싸움으로만 되는 것은 아니다. 효과적인 방어는 강한 자를 약하게 만들고 약한 자를 강하게 만든다.

'일(逸)'이란 여유있는 상태이며 '노(勞)'는 피로한 상태로, 상대에 대해 여유를 가지고 수비에 임하여 상대가 지치기를 기다리는 것을 말한다. 그러나 기다린다는 것이 하늘에 운을 맡긴다는 의미는 아니다. 적에게 공격의 틈을 주지 않으면서 전열을 가다듬고 준비를 단단히 하며 기다려야 한다.

제5계 진화타겁 【轍火打劫】
남의 집에 불난 틈을 타 도둑질하다.

적이 중대한 위기에 처해 있을 때, 그 기회를 이용하여 적을 패배시킨다.

 이는 제4계와는 반대인 공격작전이다. 공격을 할 것이냐, 수비를 할 것이냐 하는 판단은 적의 정세에 따라 달라진다. 즉 적의 세력이 강할 때는 그들이 지치도록 기다려야 하며, 적의 힘이 약화되었을 때는 기다림없이 단숨에 공격을 하는 것이 이 계략의 요점이다. 다시말해, 상대의 약점을 발견하면 지체없이 공격하여 상대를 무력하게 만드는 것이다.

성동격서【聲東擊西】
제6계
동쪽에서 소리치고 서쪽을 공격하다.

적의 지휘가 혼란에 빠지면 앞 못 보는 장님과 같다. 이는 홍수가 범람하는 상이나, 적이 자아 통제를 할 수 없는 틈을 타서 그를 멸망시켜야 한다.

서쪽을 공격하기 위해 적의 병력을 분산시켜 힘을 약화시키는 책략으로, 예부터 이 전법이 이용되어 왔다. 그러나 잘못 사용하면 오히려 적으로부터 큰 피해를 받을 수 있으므로 특히 신중해야 한다. 상대의 지휘 계통을 혼란시키는 것이 이 책략을 성공시키는 비결이다.

적전(敵戰)의 계(計)

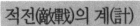

제7계 무중생유 【 無中生有 】
아무도 모르게 지나가면서 무에서 유를 창조하다.

기만하면서 기만하지 않는 것처럼 보이게 하는 것이다. 전선에 무언가를 배치하여 적을 이중의 혼란에 빠뜨리는 것이다. 즉 기만적인 외형은 종종 다가올 위험을 감추고 있는 법이다.

당나라 안록산(安祿山)이 반란을 일으켜 옹구성이 포위를 당했다.

화살이 다 떨어지고 성이 함락당하기 일보직전이었을 때, 장순은 한 가지 계책을 생각해냈다. 그는 부하들을 시켜 천 개의 허수아비에 군복을 입혀 진짜 병사인 것처럼 꾸몄다. 이것을 본 적군은 진짜 병사인 줄 알고 수없이 화살을 쏘아댔다.

장순의 계략에 완전히 말려든 것이다.

장순은 이번에는 볏집 인형 대신에 진짜 병사들을 성 밖으로 내려보냈다. 전에 한 번 속은 적군의 병사들은 이번에는 속지 않으려고 한 개의 화살도 쏘지 않았다. 성 밖으로 내려간 병사들은 반란군을 급습하여 크게 무찔러 버렸다. 속임수를 이용하여 상대방을 혼란시킨 후, 다음에 이를 역으로 이용했던 것이다. 허와 실을 교묘히 엇바꾸어 적을 혼란에 빠뜨리고 쳐부는 책략이다.

암도진창 【暗渡陳倉】

제8계

한 고조가 은밀히 진창으로 진군하여 항우의 기선을 제압하
고 한나라를 세우다.

적을 제어하기 위해 행동을 고의로 노출시키고 기습공격을
통해 주도권을 장악하다.

유방의 부하였던 명장 한신이 관중을 쳐들어 갈 때 정면
에서 공격하는 척하다가 몰래 진창이라는 성을 공격한 사
실에서 유래한다.

이 발상은 제6계인 성동격서와 비슷하다.

세계 역사상 최대의 작전인 1944년 6월, 노르망디 상륙작전이 바
로 이 경우이다.

연합군 측은 일찍이 노르망디를 상륙 목표로 정했으나, 작전상 독
일군이 눈치채지 못하도록 끊임없이 칼레 상륙을 거짓으로 유포하고
그쪽으로 계속 폭격을 가하여 상륙이 임박한 것처럼 위장했다.

독일군은 칼레가 보급이나 작전수행 면에서 상륙지로 가장 유력하
다고 생각하고 있었기에 이러한 위장전술에 넘어가고 말았다.

결국 연합군은 이러한 허점을 노려 노르망디에 상륙, 승리를 이끌
어냈다.

제9계 격안관화 【膈岸觀火】
강 건너 불 보듯 하다.

적의 연합군 내부에 심각한 내분이 발생했을 때, 조용히 그 혼란이 극에 달하기를 기다린다. 적의 내부의 투쟁이 격화되면 적의 연합군은 붕괴를 자초하게 되기 때문이다. 거기서 비롯되는 유리한 형세를 면밀히 관찰하여 행동으로 옮길 준비를 한다.

여기서 불이란 내분을 의미한다. 즉 집안싸움을 일으키라는 말이다.

내분상태에 있는 상대를 기습하면 오히려 적이 단결하게 되어 거꾸로 아군이 손해를 보게 된다.

그러므로 어느 정도 시간을 가지고 적의 자멸을 기다리는 것이 좋다. '행운은 자면서 기다려라'는 속담이 있다. 이 또한 '격안관화'의 책략이다.

소리장도 【笑裏藏刀】

가슴에 비수를 숨기고 있으면서도 겉으로는 상냥하게
상대방을 대하는 전략이다.

적으로 하여금 우릴 믿게 안심시킨 후 비밀리에 일을 도모한
다. 주도면밀하게 준비한 후 행동하며 변화가 생기지 않도록
한다. 부드러운 외형에 강한 내면을 숨기는 것이다.

송나라 조위(曹瑋)에 관한 다음 일화를 보자.
어느 날 전장에서 조위는 자기 쪽 병사들이 적군 쪽으로
도망쳤다는 보고를 받았다.
그러나 그는 조금도 동요의 빛을 보이지 않고 오히려 빙긋이 웃으
며 이렇게 말했다.
"걱정말게, 그들은 모두 내가 지시한 대로 행동한 것뿐일세."
이 이야기를 들은 적군은 도망쳐 온 병사들을 의심하여 모조리 목
을 베었다고 한다.
'것이 '소리장도'의 한 예이다.

제11계 이대도강 【李代逃薑)】

오얏나무가 복숭아나무 대신 말라죽다.
즉 작은 손해를 보는 대신 큰 승리를 쟁취하는 전략이다.

운세는 반드시 기울기 마련이니, 작은 것을 희생시켜 전체의
이로움을 구해야 한다.

 전쟁이든 사업이든 어느 정도의 손실은 따르게 마련이다.
문제는 그 손실이 장래의 이익과 어떻게 결부되어 있느
냐에 달려 있다.

작은 손해에 집착하다 보면 오히려 손실이 커지게 마련이다.

이에 대해 손자병법을 쓴 손무는 다음과 같이 말하고 있다.

「지혜로운 사람은 이익과 손실의 양면을 생각한다. 그렇게 하면 일
을 순조롭게 처리할 수 있다.

비록 손실을 입었다 할지라도 현명한 사람은 손실로 인한 뒤의 이
익을 생각한다.

그렇게 하면 걱정할 것이 없게 된다.」

제12계 순수견양 【順手牽羊】
기회를 틈타 양을 슬쩍 끌고 가다.
즉 손에 잡히는 데로 취한다.

적의 미세한 틈이라도 반드시 장악해야 하며, 조그만 이익이
라도 반드시 얻도록 해야 한다.

　　　쉽게 손에 들어오는 이익이라면 염려하지 말고 취하되,
　　　그러나 확실한 목표가 세워져 있고 상황에 따라 유연하게
　　　대처하는 것이 필요하다.
고도성장 시대라면 모르지만 저성장 시대에서는 조그만 이익이라
도 착실히 쌓아나가는 '순수견양' 의 자세가 무엇보다도 중요하다.

공전(攻戰)의 계(計)

제13계 【打草驚蛇】
풀을 막대기로 쳐서 뱀을 놀라게 한다.

 적에게 어떤 의심이 생기면 반드시 가서 살펴보아야 한다. 자세한 정찰 후에 비로소 행동해야 한다. 자세한 정찰 후에 비로소 행동해야 한다. 반복하여 정찰해야만 적의 숨겨진 음모를 발견할 수 있다.

이는 상대의 동정을 살펴보는 책략이다.
아울러 풀을 쳐서 뱀을 유인한다는 의미도 있다.
즉 거물을 잡기 위해서 주변의 조무래기부터 차례로 잡아들여 확실한 증거를 만들어 가는 작전이다.

제14계 차시환혼 【借屍還魂】
죽은 사람의 영혼이 다른 사람의 시체를 빌려 부활하다.

강한 자는 이용당하지 않는다. 그러나 약한 자는 도움이 필요하니, 이용할 수 없는 것을 빌어서 이용한다. 내가 약한 자에게 구하는 것이 아니라, 약한 자가 나에게 구한다.

 이 책략은 세상에서 가치없다고 버려진 것들을 다시 이용하에 가치있는 것으로 만든다.

예를들면 삼국지의 조조는 권모술수에 아주 능한 사람으로 불우한 처지에 있던
허수아비 황제를 자신의 본거지로 맞아들여 세력 확대 수단으로 이용하였다.

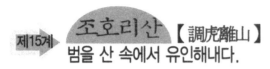

제15계 **조호리산** 【調虎離山】
범을 산 속에서 유인해내다.

자연조건이 적에게 불리해지기를 기다리고 기만으로 그를 유혹한다. 적이 커다란 위험을 무릅쓰고 당신을 공격하도록 유혹한다.

산속에서의 호랑이는 무섭지만 막상 평지에 내려오면 훨씬 처치하기에 용이한 법이다.

이와 같이 요새에 버티고 있는 적을 밖으로 유인하여 쳐부수는 것이 '조호이산' 전략이다.

제16계 **욕금고종** 【欲擒姑縱】

궁지에 몰리면 쥐도 고양이를 문다.

 적을 지나치게 몰아세우면 적이 도리어 맹렬하게 반격한다. 적을 달아나게 놓아두면 그 기세가 꺾일 것이다. 적을 쫓되 다급하게 쫓지 않고, 적의 힘을 고갈시키고 전투의지를 쇠약하게 만들어 적을 분산시킨 후 사로잡아야 한다. 그러면 칼에 피를 묻히지 않고도 적을 진압할 수 있다. 즉 공격을 주도면밀하게 지연시킴으로써 적을 스스로 자멸하게 만드는 것이다.

　이 책략은 퇴로를 완전히 봉쇄하면 상대방은 죽기를 무릅쓰고 반격한다.
　그러므로 오히려 퇴각로를 조금 열어주면 적은 세력이 약해져 쉽게 처치할수 있게 된다.
 잡기 위해서는 잠시동안 내버려 두어라, 이것이 욕금고종의 의미다.

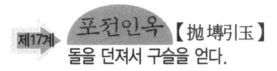

제17계 포천인옥【抛塼引玉】
돌을 던져서 구슬을 얻다.

지극히 유사한 것으로 적을 미혹시킨 다음 공격한다.

이 계략은 미끼를 던져서 상대를 유혹하는 계략이다.

이 작전의 성공 여부는 미끼같지 않은 미끼를 사용해야 한다는 것이다.

반대로 상대방 쪽에서 볼 때는 미끼에 걸리지 않도록 냉정한 판단력을 지녀야겠다.

순자도 '이로움만 보고 그 해로움을 돌보지 않는 일이 없도록 하라'고 말했는데,

당장 눈앞의 이익보다는 그 이면에 숨겨진 손해를 생각할 만큼 마음의 여유를 항상 지니고 있어야만 한다.

【擒賊擒王】
적을 잡으려면 우두머리부터 잡는다.

적의 주력을 궤멸시키고, 그 괴수를 사로잡아 적을 와해시킨다. 용도 물을 떠나게 되면 어쩔 도리가 없게 된다.

이는 상대방의 중추를 공격하여 적의 중심을 괴멸시키는 전략이다.

모든 사물은 반드시 약점이 있기 마련이다.

그러니 그 약점을 이용하면 교섭이나 설득이 의외로 쉽게 이루어질 수 있다.

 제19계 부저추신 【 釜底抽薪 】
솥 밑에 타고 있는 장작을 꺼내 끓어오르는 것을 막다.

강한 적을 만났을 때는 정면으로 공격하지 말고 가장 약한 곳을 찾아내 공략하라. 이것이 부드러운 것으로 강한 것을 이기는 법이다.

 구체적으로 보면 적의 보급을 차단하는 것, 적의 사기를 꺾는 것의 두 가지가 있다.

삼국시대 위나라 조조는 관도 전투에서 원소의 대군과 싸운 일이 있었다.

그런데 열세에 몰렸던 조조가 원소의 보급기지를 밤에 몰래 습격하는 바람에 대승하였고, 이 기세를 몰아 단숨에 중국 북부를 지배하는 실력자로 등장하였다.

혼수모어 【混水摸漁】
흐린 물에서 고기를 잡다.

적의 내부가 혼란한 틈을 타서, 그 약자를 당신의 편에 끌어
들여라. 그러면 적은 자멸하게 될 것이다.

이 책략은 적의 내부와 지휘본부를 혼란시켜 전력을 약화
시킨 다음 아군이 원하는 방향으로 전세를 이끌게 된다.

1944년 12월 히틀러는 프랑스 국경 아르텐느 언덕에서
수십 만 병사와 2천 대의 전차로 최후의 총반격을 가했다.

그때 그는 영어에 능통한 병사들 2천 명을 뽑아 미군복장을 입혀
미국 후방에 침투시켰다.

이러한 교란작전은 그대로 적중되어 미군의 지휘본부를 혼란케 하
였다.

비록 주력군의 진출이 막힌 탓으로 작전은 성공하지 못했지만,

이는 전형적인 '혼수모어' 작전 이었다.

금선탈각 【 金禪脫殼 】
제21계 매미가 허물을 벗듯 감쪽같이 몸을 빼 도망하다.

적이 행동하지 못하도록, 진지의 원형을 보존하고 군대가 여전히 주둔하고 있는 것처럼 하라. 그러면 적이 감히 공격하지 못할 것이다.

 겉으로는 진지 구축을 강화하며 끝까지 전투 자세를 보이면서 상대가 움직이지 못하는 틈을 이용하여 은밀하게 주력부대를 이동시키는 전략이다.

관문착적 【關門捉賊】
제22계
문을 닫아걸고 도적을 잡다.

세력이 약한 소규모의 적에 대해서는 포위하여 멸망시켜야 한다. 퇴각하게 놓아두면 섬멸하는 데 불리하다.

앞의 '욕금고종' 과는 정반대의 책략이다.

얼핏 보면 모순된 책략 같지만 힘이 약한 적은 포위해서 섬멸하라는

주석이 있듯이 상황에 따라 강하게 또는 약하게 가려서 판단하여 실행하라는 뜻으로 해석된다.

예를 들어 상대의 병력이 후에 큰 화근이 될 우려가 있을 경우에는 '관문착적' 의 계략이 필요하다.

요컨대 상대가 이쪽보다 약할 때에는 인정 사정없이 철저하게 섬멸하라는 것이다.

제23계 원교근공 【遠交近攻】
먼 나라와 친교를 맺고 가까운 나라를 공격하다.

멀리 있는 적보다는 가까이에 있는 적을 공격하는 편이 유리
하다. 멀리 있는 적과는 정치적 주장이 다를지라도 잠시 연합
하라.

 옛날부터 이는 많은 나라가 대립 항쟁하고 있는 상황에
서는 언제나 유효한 책략으로 삼아졌다.

그 이유는 먼 곳에 있는 나라에 군대를 보내는 것은 힘
만 들고 이에 따른 득이 적기 때문이다.

멀리 떨어진 나라와는 손잡고 가까이 있는 나라는 공격하는 책략은
가까운 나라는 공격하여 점차적으로 세력을 확대하라는 뜻이다.

제24계 가도벌괵 【假道伐虢】
기회를 빌미로 세력을 확장시키다.

두 개의 강대국 틈에 끼인 소국이 적의 위협을 받게 되면 즉시 군대를 보내 구해줌으로써 영향력을 확장시켜야 한다. 곤란한 지경에 빠졌을 때 단지 말만 앞세우면 신뢰받을 수 없다.

작은 나라의 어려움을 틈타 이를 정벌하는 책략이다.
예로써 괵은 춘추시대의 한 작은 나라의 이름이다. 큰 나라인 진이 작은 나라인 우나라에게 길을 빌려 괵나라를 공격하였는데, 돌아오는 길에 우나라마저 멸망시킨 사실에서 유래되었다.

 병전(併戰)의 계(計)

제25계

투량환주 【偸梁換柱】

대들보를 훔쳐내고 기둥으로 바꾸어 넣다.

연합군으로 하여금 진영을 자주 바꾸게 하여 그 주력 부대를 빼내게 한다. 그들이 스스로 붕괴하기를 기다려 그 틈을 타 적을 공격한다. 이는 마치 수레의 바퀴를 빼는 것과 같다.

진나라 시황제는 '원교근공'의 전략으로 가까운 나라를 차례로 침공한 다음 마지막으로 제나라를 멸망시킬 때 제나라의 후승(后勝)이라는 신하를 비롯해 많은 이들을 매수하는 바람에 전쟁도 시작하기 전에 제나라를 허수아비로 만들어 버렸다.

상대국의 신하들을 차례로 농락하여 한 나라를 멸망시킨 이러한 전략이 '투량환주'이다.

제26계 **지상매괴** 【 指桑罵槐 】
뽕나무를 가리키며 홰나무를 욕하다.

강자가 약자를 지배하려면 경고를 해야 할 것이다. 강한 기세
로 나아가면 충성을 바칠 것이고, 단호한 태도를 취하면 순종
하게 될 것이다.

 이 말은 A라는 사람을 비판하고 싶은데 그러지 못할 경
우 A대신 B를 꾸짖어 간접적으로 A를 비판하는 것이다.
이 전략은 〈삼십육계〉중에서 가깝게 지내는 나라나 부하
를 다루는 방법으로 흔히 채택되고 있다.
가깝게 지내는 나라에 대하여 정면으로 비판을 가한다거나 부하를
면전에서 욕하면 배반당할 위험이 있으므로 상대가 알아차릴 만하
게 다른 사람을 간접적으로 꾸짖으면 더욱 효과적이라는 말이다.

【假痴不癲】
어리석은 척하되 미친 척하지 말라.

무지한 척 가장하되 무슨 행동을 하지 말라. 총명한 척하며 경거망동하지 말라. 기밀을 누설하지 말고 조용히 계획하라. 천둥번개가 순식간에 치는 것처럼.

마음 속으로는 치밀한 계산을 하면서도 밖으로 나타내지 않는다. 결국 이는 바보같이 행동하면서 상대가 방심하도록 유도하는 책략이다. 뛰어난 지도자는 자기의 재능을 자랑하지 않는다.

노자(老子)는 '지도자는 지모를 깊숙이 감추고 있기 때문에 겉으로 보면 바보같이 보인다.

이것이 지도자의 이상적인 모습이다.' 라고 말했다. 이처럼 이상적인 지도자의 모습을 하나의 책략으로 사용하여 행동하도록 권하는 것이 '가치부전' 이다.

제28계 상옥추제 【上屋抽梯】
지붕으로 유인한 뒤 사다리를 치우다.

고의로 약점을 노출시켜 적을 그대의 진영 안으로 들어오게
하라. 적의 응원부대를 차단하여 적을 사지로 몰아넣어라. 판
단착오 때문에 적은 해를 당하게 될 것이다.

'허술하게 보여 적을 끌어들인 후 뒤따르는 부대를 끊어
서 포위 섬멸한다.'는 책략이다.

강한 상대를 유인할 때는 이 수법을 흔히 쓰는데, 상대를
유인하려면 온갖 지혜와 달콤한 미끼와 주도 면밀한 준비가 없으면
성공하지 못한다.

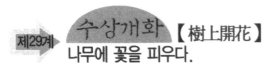

제29계 수상개화【樹上開花】
나무에 꽃을 피우다.

허위로 진영을 배치함으로써 실제보다 세력이 강대하게 보이게 만든다. 기러기가 높이 날아오를 때 날갯짓으로 위용을 더하는 것과 같이 하라.

깃발이나 창 ,칼 ,북 ,꽹과리 등으로 이쪽의 병력이 많은 것처럼 꾸미는 책략이다.

적은 물론이고 동맹국 들에게도 신뢰감을 주기 때문에 주도권을 잡기 위한 수단으로 병력이 소수이거나 약세일 때 자주 사용되는 수법이다.

제30계 **반객위주 【反客爲主】**
주객이 전도되다.

기회를 엿보아 발을 들여놓고, 관건을 파악한 다음, 차츰차츰
영향력을 확대하게 되면 마침내 주도권을 장악하게 된다.

 이러한 책략을 성공시키려면 차근차근 단계를 밟아서 한
걸음씩 실행하지 않으면 안 된다.
조급하거 서두르다가는 실패하기 십상이다.

패전(敗戰)의 계(計)

제31계 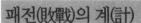 【 美人計 】

세력이 강한 적장의 마음을 아름다운 여인을 이용해 교묘히
꾀어내는 수법이다.

세력이 강한 군대는 그 장수를 공격하고 지략이 뛰어난 자는
색정을 이용한다. 장수가 약해지고 병사가 퇴폐에 흐르게 되
면 전투의지가 꺾이는 법이다. 이렇게 적의 약점을 이용하여
아군을 보전한다.

      만일 상대가 영특한 사람이라면 계책을 세워 의욕을 상
실케 한다.
　　　우두머리와 부하들의 의욕을 꺾으면 상대는 저절로 무너
지고 말 것이다.
　이 책략의 핵심은 상대의 마음을 딴 곳으로 돌리는 데 있다.
　상대의 마음을 빼앗으려면 절세의 미녀라야 가능하다.

제32계 공성계 【 空成計 】
빈 성으로 유인해 미궁에 빠뜨리다.

아군의 군대가 열세일 때, 방어하지 않는 것처럼 보이게 하여 적을 혼란에 빠뜨린다. 적이 강하고 아군이 약한 상황에서, 이 계책은 교묘하고 또 교묘한 것이다.

 중달의 대군이 공격해 왔을 때 공명은 성문을 모두 열어 놓고 자신은 도사 차림으로 누각에 올라 한가롭게 거문고를 타면서 적군이 오기를 기다렸다.

이것을 본 중달은 '저 꾀많은 공명이 어딘가에 복병을 숨겨놓았을 것이 틀림없다'고 생각해 서둘러 군사를 철수시켰다.

이렇게 일부러 무방비 상태인 양 보임으로써 적의 판단을 흐리게 하는 전략이 '공성계'인데 29계인 '수상개화'와는 반대 심리를 이용한다.

적에게 발각되면 돌이킬 수 없는, 그야말로 죽음을 무릅쓴 계책 중의 계책이다. 그렇기 때문에 상대도 얼떨결에 그 술책에 넘어가게 된다.

제33계 **반간계** 【反間計】
적의 첩자를 이용하다.

반간계야말로 적에 대한 기만전술 중 으뜸가는 것이다. 적의 첩자를 역이용함으로써 아무런 손실 없이 적을 물리칠 수 있는 법이다.

 이는 상대방 첩자에게 역정보를 흘려서 상대를 혼란케하는 수법인데, 여기에 두 가지 방법이 있다.

하나는 첩자를 매수하거나, 아니면 눈치채지 못한 체하고 고의로 거짓정보를 흘리는 방법이다. 어느 방법을 선택하든지 힘들이지 않고는 승리를 거둘 수 없다.

제34계 고육계 【苦肉計】
자신을 희생해 적을 안심시키다.

사람은 스스로에게 상처를 입히지 않는 법이므로, 상처를 입었다면 그것은 사실일 것이다. 이 점을 이용하여 적으로 하여금 자신의 말을 믿게 만든다. 진실을 거짓으로 가장하고 거짓을 진실로 꾸며 행동한다.

 삼국지에 나오는 적벽 대전은 너무도 유명하다.
조조와 주유의 맞대결에서 승패를 가름한 것은 황개(黃蓋)의 전략이었다.

황개는 주유와 사이가 나쁜 것처럼 거짓으로 소문을 퍼뜨리고는 조조에게 몰래 밀서를 보내 귀순할 의사를 전한 다음 배를 접근시켜 화공(火攻)을 가했다.

이로 인해 조조의 군사는 큰 혼란에 빠졌고 조조는 겨우 목숨만 건져 도망갔다.

여기서 황개가 조조를 감쪽같이 속이기 위해 자기 몸을 상처내는 책략이 바로 '고육계'이다.

이와 같은 책략은 옛날부터 전쟁 중에 사용된 적이 많았다.

그중에는 사랑하는 아내와 총애하는 신하를 희생시킨 예도 가끔 있을 만큼 승부에 대한 집념이 대단했다.

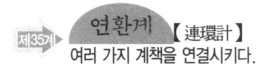

제35계 연환계 【連環計】
여러 가지 계책을 연결시키다.

적의 병력이 강할 때는 무모하게 공격해서는 안 된다. 적의 내부를 교란시켜 그 세력을 약화시켜야 한다. 훌륭한 지도자는 하늘의 은총을 얻어 전쟁을 승리로 이끈다.

적벽대전에서 조조가 크게 패한 이유는 위나라의 배들이 쇠사슬 고리에 연결되어 있어 자유롭게 움직일 수 없었기 때문이다.

이 책략은 촉나라의 군사 방통(龐統)이 생각해 낸 것인데 '연환계'는 여기에서 유래되었다. 다시 말하면 이는 먼저 적의 움직임을 제압한 후, 제2, 3의 계략을 구사하여 강한 적을 멸하는 책략이다.

이것은 한 번에 승리를 노리는 것이 아닌 두 가지 이상의 책략을 혼합하여 적을 멸하는 데 묘미가 있다.

주위상 【走爲上】

도망치는 것도 뛰어난 전략이다.

강한 적과 싸울 때는 퇴각하여 다시 공격할 기회를 기다리는 것도 허물이 되지 않는다. 도주는 자주 사용되는 군사전략의 하나이다.

이는 '삼십육계 줄행랑이 제일이다.'는 말을 낳은 마지막 계략이다.

병법에서는 상황에 따라서 일부러 후퇴하는 것도 불사한다고 나와 있는데 이 또한 병법의 철칙이다.

〈손자〉에도 '병력이 열세이면 물러나고, 승산이 없으면 싸우지 않는다' 고 쓰여져 있다.

사람이 죽으면 승리도 패배도 없는 것이다.

불리할 때 일단 퇴각하면 전력을 보완하여 다시 싸울 수 있기 때문에, 그런 의미에서 보면 용기있게 후퇴할 줄 아는 사람이야말로 참다운 용기를 지닌 지도자라고 할 수 있다.

《原文 孫子兵法》

제1권
始計篇

모든 일은 이해득실을 따져 정확한 계산을 하라.

【原文】

孫子曰. 兵者, 國之大事. 死生之地,
손 자 왈   병 자   국 지 대 사   사 생 지 지

存亡之道, 不可不察也.
존 망 지 도   불 가 불 찰 야

【 세상의 변화에 대처하는 지혜 】

 손자가 말하길, 아무리 부강한 나라일지라도 전쟁이 일어나면
국가적으로 큰일이 아닐 수가 없다. 더구나 전쟁이 벌어지는
곳에는 병사들의 목숨이 달려있는 곳이기도 하며, 전쟁의 승패
에 따라 나라의 존망이 달려있기 때문에 나라를 다스리는 사람
들은 어떤 조짐이 감지될 때에는 방관하지 말고 세심하게 관찰
해야만 막을 수 있다.

【原文】

故經之以五事, 校之以七計, 而索其情.
고 경 지 이 오 사   교 지 이 칠 계   이 색 기 정

一曰道, 二曰天, 三曰地, 四曰將, 五曰法.
일 왈 도   이 왈 천   삼 왈 지   사 왈 장   오 왈 법

【 세상의 변화에 대처하는 지혜 】

 그러므로 전투의 기본요건으로 다섯 가지를 신중히 검토하고 일곱 가지의 계교로서 꼼꼼하게 비교하여 이쪽과 저쪽의 상황을 정확히 탐색, 파악해야만 한다. 즉 전쟁에서 승리하려면 첫째 지도자의 능력이요, 둘째 기상조건이요, 셋째 지형조건이요, 넷째 장군의 능력이요, 다섯째 법제도 등의 조화가 있어야만 한다.

【原文】

道者, 令民與上同意也, 故可與之死,
도 자 영 민 여 상 동 의 야 고 가 여 지 사

可與之生, 而不畏危也.
가 여 지 생 이 불 외 위 야

【 세상의 변화에 대처하는 지혜 】

도(道)란 자고로 백성들로 하여금 지도자와 함께 한 마음 한 뜻이 되게 한다면, 백성들과 지도자가 함께 죽거나 함께 살 수가 있는 것이다. 즉 이와 같이 도의 합의일체가 이루어졌을 경우엔 백성들과 지도자가 생사고락의 어떤 위험한 순간에 놓여 있어도 양쪽 모두는 조금도 두려워하거나 무서워하지 않는다.

【原文】

天者, 陰陽. 寒暑, 時制也. 地者, 遠近.
천자 음양 한서 시제야 지자 원근

險易, 廣狹, 死生也.
험이 광협 사생야

【 세상의 변화에 대처하는 지혜 】

원천적으로 하늘의 기상조건이란?

날씨가 흐린 것인가 맑은 것인가,

추위 것인가 더운 것인가, 계절의 변화에 따른 제어능력을 말

한다.

지형조건이란?

거리가 먼 곳인가 가까운 곳인가,

땅의 형세가 험한 곳인가 평탄한 곳인가,

넓은 곳인가 좁은 곳인가,

막다른 곳인가 탁 트인 곳인가를 말하는 것이다.

【原文】

將者, 智·信·仁·勇·嚴也. 法者, 曲制
장자 지 신 인 용 엄야 법자 곡제

官道 主用也.
관 도 주 용 야.

【 세상의 변화에 대처하는 지혜 】

예로부터 장수가 반드시 갖춰야할 능력들을 나열해보면 지혜, 신뢰, 인간애, 용기, 위엄 등이 있다. 법제란 군대의 조직과 규율을 말하며,

곡제란 군 조직에서 의사소통을 원활하게 할 수 있는 일사 분란한 신호체계를 의미한다.

관은 관리자이고 도는 병참 보급로이며,

주용은 주력부대의 운용에 필요한 제반비용 즉 물자와 장비를 말한다.

【原文】

凡此五者, 將莫不聞, 知之者勝, 不知者不勝.
범 차 오 자 장 막 불 문 지 지 자 승 부 지 자 불 승

故校之以七計, 而索其情. 曰.
고 교 지 이 칠 계 이 새 기 정 왈

【 세상의 변화에 대처하는 지혜 】

 이상의 다섯 가지는 장군이라면 누구를 불문하고 모두 들어봤
겠지만, 이것을 잘 듣고 이해해 자신의 것으로 만든 장군은 전
쟁에서 무조건 승리할 것이고, 이것을 지나가는 소리로 듣고
이해하지 못하는 장군은 전쟁에서 무조건 패할 것이다. 따라서
일곱 가지의 계교를 이쪽저쪽을 잘 살펴 비교하는 정밀한 탐색
이 필요하다.

【原文】

主孰有道 將孰有能 天地孰得 法令孰行 兵衆
주 숙 유 도 장 숙 유 능 천 지 숙 득 법 령 숙 행 병 중

孰强 士卒孰錬 賞罰孰明 吾以此知勝負矣.
숙 강 사 졸 숙 련 상 벌 숙 명 오 이 차 지 승 부 의

【 세상의 변화에 대처하는 지혜 】

 어느 지도자, 어느 장군의 능력이 숙련되어 있는가? 기상과 지형조건은 누구에게 이득인가? 법령과 조직체계를 누가 잘 운행하는가? 병사들의 수와 무기는 누가 강한가? 장교와 병사의 훈련은 누가 잘 되어있는가? 상과 벌은 투명하게 집행되는가? 나는 이러한 오사 칠계들을 정확히 알고 있기 때문에 승부를 미리 예측할 수가 있다.

【原文】

將聽吾計, 用之必勝, 留之. 將不聽吾計,
장 청 오 계　　용 지 필 승　유 지　　장 불 청 오 계

用之必敗, 去之
용 지 필 패　　거 지

【 세상의 변화에 대처하는 지혜 】

나의 계책을 하나도 빠짐없이 모두 청취한 후에 나를 장수로 임용한다면 전쟁에서 틀림없이 승리하기 때문에 나는 무조건 이곳에 남을 것이다. 하지만 나의 계책을 마음속 깊이 청취하지도 않은 채 그저 이름만 듣고 장수로 임용한다면 전쟁에서 반드시 패할 것이기 때문에 나는 이곳에 머물지 않고 미련 없이 떠날 것이다.

【原文】

計利以聽, 乃爲之勢, 以佐其外. 勢者,
계 리 이 청　내 위 지 세　이 좌 기 외　세 자

因利而制權也.
인 리 이 제 권 야

【 세상의 변화에 대처하는 지혜 】

　앞으로의 이익을 먼저 계산한 다음 나의 이론을 정확하게 경청하여 나를 발탁한다면 그만큼 유리한 세력을 만들 수 있게 될 것이며, 그 밖의 상황에서도 나를 보좌하여 지금보다 훨씬 나아질 것이다. 만약 이것이 아군에게 유리한 쪽이라고 한다면, 그 원인은 틀림없이 이득을 위해서 나를 통제할 수 있는 유연함인 것이다.

【原文】

兵者, 詭道也. 故能而示之不能, 用而示之
병 자 궤 도 지 고 능 이 시 지 불 능   용 이 시 지

不用, 近而視之遠, 遠而示之近.
불 용   근 이 시 지 원   원 이 시 지 근

【 세상의 변화에 대처하는 지혜 】

전쟁은 나라의 존망이 달려있기 때문에 반드시 승리해야만 한
다. 그러기 위해서는 상대방(적군)을 확실하게 속여야만 된다.
따라서 나의 능력을 일부러 모자라는 것처럼 보이게 하고, 군
대를 운용하지 않는 것처럼 보이게 한다. 또 가깝지만 먼 것처
럼 하고, 먼 곳을 노리고 있지만 가까운 곳을 노리는 것처럼 적
을 속여야만 한다.

【原文】

利而誘之, 亂而取之, 實而備之, 强而避之,
이 이 유 지   난 이 취 지   실 이 비 지   강 이 피 지

怒而橈之, 卑而驕之,
노 이 요 지   비 이 교 지

【 세상의 변화에 대처하는 지혜 】

　처음 보는 상대를 만났을 때 먼저 이익으로 유인한 다음, 상대
방이 그것으로 혼란해지면 그 틈을 이용해 재빨리 취득한다.
하지만 상대가 예상 외로 충실하다면 방비를 하고, 강하다면
한발 뒤로 물러서는 것이 상책이다. 만약 상대가 분노를 표출
한다면 그 순간을 놓치지 말고 더더욱 부추겨서 얕보이게 하여
교만하게 처신하라.

【原文】

佚而勞之, 親而離之. 攻其無備, 出其不意,
일 이 노 지　친 이 리 지　공 기 무 비　출 기 불 의

此兵家之勝, 不可先傳也.
차 병 가 지 승　불 가 선 전 야

【 세상의 변화에 대처하는 지혜 】

 상대하는 적군이 쉬려고 한다면 수단과 방법을 가리지 말고
노역하게 만드는 것이 좋고, 상대가 친한 사이라면 이간질을
시켜야 한다. 더구나 적군을 공격할 때 준비가 되어 있지 않은
곳을 잘 살펴 공격하는 것이 유리하고, 공격은 불시에 하는 것
이 좋다. 이것은 전쟁에서 승리하기 위한 것으로 상대에게 알
려져서는 안 된다.

【原文】

夫未戰而廟算勝者, 得算多也. 未戰而廟算
부 미 전 이 묘 산 승 자　득 산 다 야　미 전 이 묘 산

不勝者, 得算少也.
불 승 자　득 산 소 야

【 세상의 변화에 대처하는 지혜 】

전쟁을 시작하기 전에 미리 종묘사직(작전회의)에서 적군과 아군을 충분히 비교해 승리를 미리 계산하는 것이 중요하며, 얻을 것이 많다는 것은 곧 전쟁에서 이길 승산이 있다는 것이다. 전쟁을 시작하기 전에 종묘사직(작전회의)에서 적군과 아군을 비교해 승리할 수 없다는 결론을 얻으면 그만큼 전쟁에서 승산이 없다는 것이다.

【原文】

多算勝, 少算不勝, 而況於無算乎.
다 산 승   소 산 불 승   이 황 어 무 산 호

吾以此觀之, 勝負見矣.
오 이 차 관 지   승 부 견 의

【 세상의 변화에 대처하는 지혜 】

작전회의에서 적군과 아군을 비교했을 때 승산이 많다는 것은 이길 수 있다는 것이고, 승산이 적다면 그만큼 이길 수 없다는 것이다. 하물며 이러한 승산조차 없다면 아무리 유능한 장수일 지라도 어떻게 할 수 있는 별다른 방도가 없다. 나는 지금까지 이러한 관찰을 통해서 전쟁에 대한 승부를 미리 예견할 수가 있었다.

《原文 孫子兵法》

제2권
作戰篇

싸움은 속전속결로 빨리 끝내라.

【原文】

孫子曰. 凡用兵之法, 馳車千駟, 革車千乘,
손 자 왈   범 용 병 지 법   치 거 천 사   혁 거 천 승

帶甲十萬, 千里饋糧, 則內外之費.
대 갑 십 만   천 리 궤 량   즉 내 외 지 비

【 세상의 변화에 대처하는 지혜 】

 전쟁에서 승리하기 위해 군대를 움직이는 병법에 대해 손자가
이렇게 말했다. 치거(기원전의 전차로 장수 한 명에 병사 72명
을 배치했음)전차 천대, 혁거(수송용 작은 수레)수레 천대, 갑옷
을 입고 중무장한 병사 십만 명, 천리나 되는 먼 거리에 있는 군
사들에게 충분한 식량을 보내야하며, 국내외에서 소요되는 비
용과,

【原文】

賓客之用, 膠漆之材, 車甲之奉, 日費千金,
빈 객 지 용　 교 칠 지 재　 거 갑 지 봉　 일 비 천 금

然後十萬之師擧矣.
연 후 십 만 지 사 거 의

【 세상의 변화에 대처하는 지혜 】

또한 국빈(또는 외교관)에게 사용되는 비용과 외교사절에게
사용되는 접대비와 함께, 아교와 옻칠(활과 병기를 만드는데
쓰임) 등의 재료를 구입하는 소용경비, 군수품(수레와 갑옷)의
조달 등으로 소요되는 비용이 하루에 천금이나 소비된다. 이것
이 모두 이루어진 연후에야 십만의 군사를 일으킬 수가 있는
것이다.

【原文】

其用戰也貴勝, 久則鈍兵挫銳, 攻城則力屈,
기 용 전 야 귀 승　구 즉 둔 병 좌 예　공 성 즉 력 굴

久暴師則國用不足,
구 폭 사 즉 국 용 지 족

【 세상의 변화에 대처하는 지혜 】

전쟁을 시작했을 땐 무조건 속전속결로 승리하는 것이 무엇보
다 중요하다. 만약 전쟁을 빨리 끝내지 못하고 장기전으로 돌
입된다면, 병사들의 움직임이 둔해지고 사기 또한 꺾여 적군의
성을 공격해도 아군의 힘이 소진된 탓에 공격력이 약해진다.
더구나 오랫동안 군대를 밖으로 출병시키면 그만큼 국가의 재
정이 부족해진다.

【原文】

夫鈍兵挫銳 屈力彈貨 則諸侯乘其弊而起,
부 둔 병 좌 예   굴 력 탄 화   즉 제 후 승 기 폐 이 기

雖有智者, 不能善其後矣. 故兵聞拙速,
수 유 지 자   불 능 선 기 후 의   고 병 문 졸 속

未睹巧之久也.
미 도 교 지 구 야

【 세상의 변화에 대처하는 지혜 】

군대가 둔해지고 사기가 꺾이며, 군대의 힘이 소진되고 재정 파탄이 일어난다. 이렇게 되면 다른 제후들이 군사를 일으켜 공격할 것이다. 이런 상황에 처하면 아무리 지혜로운 사람이라도 수습할 수가 없을 것이다. 즉 전쟁은 다소 미흡해도 빨리 끝내야 한다는 말은 들었지만 교묘한 술책으로 장기전을 해야 한다는 것은 보지 못했다.

【原文】

夫兵久而國利者, 未之有也. 故不盡知用兵
부 병 구 이 국 리 자   미 지 유 야   고 부 진 지 용 병

之害者, 則不能盡知用兵之利也.
지 해 자   즉 불 능 진 지 용 병 지 리 야

【 세상의 변화에 대처하는 지혜 】

자고로 군사를 일으켜 오랫동안 전쟁을 한다는 것이 유리하다
는 말을 유사 이래 한 번도 들어본 적이 없다. 따라서 전쟁으로
인한 피해를 충분하게 이해하고 알지 못하는 사람들은 전쟁에
대한 이익을 충분히 알지 못하는 것이다. 즉 어떤 일을 할 때 자
신에게 돌아오는 피해를 알지 못하면 그만큼 자신의 이익을 챙
길 수가 없다는 의미다.

【原文】

善用兵者, 役不再籍, 糧不三載, 取用於國,
선 용 병 자   역 부 재 적   양 불 삼 재   취 용 어 국

因糧於敵, 故軍食可足也.
인 량 어 적   고 군 식 가 족 야

【 세상의 변화에 대처하는 지혜 】

 군사를 일으켜 전쟁을 잘 수행(속전속결을 의미한)하는 지도
자는 군사로 한번 징집한 사람을 또다시 징집하는 일이 없다.
무기를 비롯한 군수품 등은 나라 안에서 마련하여 지급하지만
군량미는 별도로 지급하지 않고 적군 것을 빼앗아 사용하기 때
문에 넉넉하다. 이것은 전쟁을 하지만 자신의 부하들에겐 피해
를 주지 않는 리더십을 말한다.

【原文】

國之貧於師者遠輸, 遠輸則百姓貧. 近於師
국 지 빈 어 사 자 원 수   원 수 즉 백 성 빈   근 어 사

者貴賣, 貴賣則百姓財竭, 財竭則急於丘役.
자 귀 매   귀 매 즉 백 성 재 갈   재 갈 즉 급 어 구 역

【 세상의 변화에 대처하는 지혜 】

국가가 전쟁으로 인해 재정이 빈약해지는 것은 군사와 군수품
을 멀리까지 수송하기 때문이다. 이런 먼 거리 수송으로 인해
백성들까지 빈곤해진다. 더구나 군대가 주둔한 근처에는 물가
가 비싸다. 물가가 비싸다는 것은 그만큼 백성들의 재산이 고
갈된다는 의미다. 이처럼 백성들의 재산이 고갈되면 군역이나
세금이 곤란해진다.

【原文】

力屈財彈, 中原內虛於家. 百姓之費, 十去
역굴재탄 중원내허어가 백성지비 십거

其七, 公家之費, 破軍罷馬, 甲胄矢弩, 戟盾
기칠 공가지비 파군피마 갑주시노 곡순

蔽櫓, 丘牛大車, 十去其六.
폐노 구우대거 십거기육

【 세상의 변화에 대처하는 지혜 】

국력은 군대라는 말이 있듯이 군대가 빈약해 국력이 약해지고 재산이 고갈되면, 국고가 부족하고 백성들도 떠난다. 남은 백성들은 자신의 수입에서 칠 할을 세금으로 빼앗기게 된다. 따라서 나라의 공공자금비용도 증가해 군수물자가 파괴되고 병사들은 피로가 더할 뿐이다. 갑옷, 화살, 방패, 전차 등의 전쟁물자가 열 개중 여섯 개는 손실이 난다.

【原文】

故智將務食於敵, 食敵一鐘, 當吾二十鐘,
고 지 장 무 식 어 적 식 적 일 종   당 오 이 십 종

기간一石, 當吾二十石.
기 간 일 석   당 오 이 십 석

【 세상의 변화에 대처하는 지혜 】

 고로 지혜로운 장군은 적에게서 식량을 빼앗아 군량미를 조달
하는 능력을 지니고 있다. 적군의 식량 1종은 아군의 식량 20종
에 해당하고, 적군의 말먹이 사료 1석은 아군의 사료 20석에 해
당한다. 여기서 말하는 종(鍾)은 고대 중국에서 사용한 부피단
위로 1종은 6곡(斛)4두(斗)이다. 석(石) 역시 고대 중국의 무게
단위로 1석은 120근이다.

【原文】

故殺敵者, 怒也, 取敵之利者, 貨也. 故車戰,
고 살 적 자 노 야 취 적 지 리 자 화 야 고 거 전

得車十乘已上, 賞其先得者,
득 거 십 승 이 상 상 기 선 득 자

【 세상의 변화에 대처하는 지혜 】

 고로 적군을 죽이려면 아군 병사들에게 분노를 유발시켜야하
고, 적군에게서 이득을 얻고자 한다면 적의 물자를 탈취하거나
취득하는 병사들에게 그에 합당한 포상이나 노획물의 정당한
분배가 있어야 한다. 즉 전차전에서 아군 병사가 적의 전차 십
승 이상을 노획했다면 우선적으로 그 병사에게 상을 주는 것이
마땅하다.

【原文】

而更其旌旗, 車雜而乘之, 卒善而養之,
이 갱 기 정 기   거 잡 이 승 지   졸 선 이 양 지

是謂勝敵而益强.
시 위 승 적 이 익 강

【 세상의 변화에 대처하는 지혜 】

전쟁에서 적의 전차를 획득한 후 파괴하지 말고 아군의 깃발로 갱신하여 달고, 아군의 전차부대로 편입시켜 아군의 병사를 태우고 출전한다. 또한 사로잡은 포로들은 대우를 잘해줘 아군 편으로 전향시킨다. 이것이 원활하게 진행된다면 적군을 물리치면 물리칠수록 아군의 전력이 더더욱 강해질 수 있는 최고의 방법인 것이다.

【原文】

故兵貴勝, 不貴久. 故知兵之將, 民之司命,
고 병 귀 승　불 귀 구　고 지 병 지 장　민 지 사 명

國家安危之主也.
국 가 안 위 지 주 야

【 세상의 변화에 대처하는 지혜 】

따라서 전쟁은 일분일초라도 최대한 빨리 승리하는 쪽으로 마무리 짓는 것이 중요한 것이지, 온갖 계교를 부리면서 전쟁을 장시간 지속시키며 승리하는 것은 결코 아무런 의미가 없다. 이에 군대를 자유자재로 움직일 수 있는 장군은 백성들의 생명을 책임지고 있는 사람이며, 이와 더불어 국가의 안위를 좌지우지하는 주인공이기도하다.

《原文 孫子兵法》

제3권
謀攻篇

싸우지 않고 이기는 것이 제일, 모략으로 공격하라.

【原文】

孫子曰. 凡用兵之法, 全國爲上, 破國次之,
손 자 왈　범 용 병 지 법　전 국 위 상　파 국 차 지

全軍爲上, 破軍次之.
전 군 위 상　파 군 차 지

【 세상의 변화에 대처하는 지혜 】

손자가 말하기를, 대체적으로 전쟁을 하는 방법 중에서 최상의 시나리오는 적군을 파괴하지 않고 온전하게 둔 채, 아군의 피해 역시 전혀 없이 승리하는 것이다. 이것이 여의치 않다면 그 다음 시나리오로는 아군의 군사를 움직여 적군의 모든 것을 파괴하면서 승리하는 것이다. 후자는 아군의 피해 역시 감수해야 한다는 의미다.

【原文】

全旅爲上, 破旅次之, 全卒爲上, 破卒次之,
전 여 위 상　　파 여 차 지　 전 졸 위 상　　파 졸 차 지

全伍爲上, 破伍次之.
전 오 위 상　　파 오 차 지

【 세상의 변화에 대처하는 지혜 】

또한 여단 규모와 싸우지 않고 완전하게 승리하는 것이 상책이고, 적의 여단을 돌파해 승리하는 것은 차선책이다. 적의 병졸과 싸우지 않고 완전하게 이기는 것이 상책이고, 적의 병졸을 돌파하여 이기는 것은 차선책이다. 오(伍) 단위의 소규모 부대와도 싸우지 않고 완전하게 이기는 것이 상책이고, 오 단위 부대를 돌파해 이기는 것은 차선책이다.

【原文】

是故百戰百勝, 非善之善者也, 不戰而屈人
시 고 백 전 백 승   비 선 지 선 자 야   부 전 이 굴 인

之兵, 善之善者也.
지 병   선 지 선 자 야

【 세상의 변화에 대처하는 지혜 】

이에 따라 전쟁터에서 적군과 맞붙어 피를 흘려가면서 백번을
싸워 백번을 승리하는 것은 상책이 아니다. 한마디로 전쟁하지
않고 적병을 굴복시키는 것만이 최선중의 최선이다. 제2차 세
계대전 당시 히틀러가 오스트리아를 점령할 때 사용된 방법이
다. 즉 독일의 막강한 군사력으로 무력시위를 보여준 후 오스
트리아에 무혈 입성했다.

【原文】

故上兵伐謀, 其次伐交, 其次伐兵,
고 상 병 벌 모　기 차 벌 교　기 차 벌 병

其下攻城.
기 하 공 성

【 세상의 변화에 대처하는 지혜 】

따라서 최상의 전법으로는 적이 전쟁을 일으키려는 의도와 원인을 밝혀 사전에 봉쇄하는 것이다. 차선책으로는 적의 외교관계(동맹)를 끊어 봉쇄 조치해 고립시키는 것이다. 그다음 차선책은 적의 군대를 직접 공격하여 무찌르는 것이다. 맨 마지막 방법으로는 적의 성을 공격하는 것이다. 하지만 군대나 성을 공격하면 아군의 피해가 발생한다.

【原文】

攻城之法爲不得已. 修櫓噴慍, 具器械,
공 성 지 법 위 부 득 이   수 조 분 온   구 기 계

三月而後成, 距인, 又三月而後已.
삼 월 이 후 성   거 인   우 삼 월 이 후 이

【 세상의 변화에 대처하는 지혜 】

 부득이 성을 공격하는 전법은 다른 전법이 통하지 않거나 실
패했을 경우에만 사용해야만 한다. 전쟁무기를 수리하거나 제
조하고 기계 등을 준비하는 기간이 3개월이 걸리며, 또한 적을
공격을 막기 위해 흙산인 쌓는 소요기간 역시 3개월이 걸린다.
분온(??)은 성 공격을 하기 위한 4개의 바퀴가 달린 전차를 말
한다.

【原文】

將不勝其忿, 而蟻附之, 殺士三分之一,
장 불 승 기 분 이 의 부 지 살 사 삼 분 지 일

而城不拔者, 此攻之災也.
이 성 불 발 자 차 공 지 재 야

【 세상의 변화에 대처하는 지혜 】

병사들을 지휘하는 장군이 자신의 분노를 억제하지 못해 병사들을 개미처럼 생각해 성을 기어오르게 한다면, 전체 아군 병사 3분의 1이 죽음을 당하고도 성을 함락시키지 못한다. 이렇게 되면 무모한 공격에서 나타나는 재앙이다. 따라서 장군의 병사를 부릴 때는 신중에 신중을 기하여 작전을 세워야만 병사들의 죽음을 줄일 수 있다.

【原文】

故善用兵者, 屈人之兵而非戰也. 拔人之城
고 선 용 병 자 굴 인 지 병 이 비 전 야 발 인 지 성

而非攻也.
이 비 공 야

【 세상의 변화에 대처하는 지혜 】

이에 따라 전쟁에 능하고 병사들을 잘 지휘하는 장군은 적의 병사에게 항복을 받아내지만 함부로 전투에 임하지 않는다. 더구나 공격을 하지 않고 적의 성을 빼앗는 전술을 사용한다. 이런 지휘자가 있어야만 병사들에게 사기를 불어넣을 수 있으며, 병사들 또한 믿음으로서 충성을 하기 때문에 그 어떤 전쟁이던 승리할 수가 있는 것이다.

【原文】

毁人之國而非久也, 必以全爭於天下,
훼 인 지 국 이 비 구 야　　필 이 전 쟁 어 천 하

故兵不頓而利可全, 此謀攻之法也.
고 병 부 둔 이 리 가 전　　차 모 공 지 법 야

【 세상의 변화에 대처하는 지혜 】

또한 전쟁에 능한 장군은 적국이나 적군을 훼손하여 무너뜨릴
때는 시간을 오래 끌지 않고 속전속결로 끝낸다. 이때도 아군
의 피해가 전혀 없이 전쟁에서 승부를 다툰다. 더구나 병사들
에게 함부로 공격명령을 내려 다치게 하거나 잃지 않게 하는
전법을 구사해 완전한 승리로 이끌어낸다. 이것이 모공의 책략
인 것이다.

【原文】

故用兵之法, 十則圍之, 五則攻之, 倍則分之,
고 용 병 지 법　십 즉 위 지　오 즉 공 지　배 즉 분 지

【 세상의 변화에 대처하는 지혜 】

장군의 전법으로는 아군의 병력이 적군보다 10배가 많으면 포위하가 가능하고, 아군의 병력이 적군보다 5배가 많으면 공격을 하고, 아군의 병력이 적군보다 2배가 많으면 병력을 분리하여 공격한다. 이것은 최첨단 무기로 전쟁을 치르는 현대 전쟁과는 달리 그 당시는 병력의 숫자로 전쟁을 치르기 때문에 숫자의 대한 개념이 중요하다.

【原文】

敵則能戰之, 少則能逃之, 不若則能避之.
적 즉 능 전 지　소 즉 능 도 지　불 약 즉 능 피 지

故小敵之堅, 大敵之擒也.
고 소 적 지 견　대 적 지 금 야

【 세상의 변화에 대처하는 지혜 】

아군 병력과 적군 병력의 숫자가 비슷하다면 능력을 다해 싸우고, 아군의 병력이 적군보다 적을 때는 전쟁을 피하면서 방어에 힘을 쏟아야 한다. 또한 적군과 전투능력이 비슷하지 않으면 가급적 전투를 피하는 것이 상책이다. 따라서 소수의 병력으로 전투를 벌이거나 성을 굳게 지킨다면 결국 숫자가 많은 적에게 포로가 된다.

【原文】

夫將者, 國之輔也. 輔周則國必强, 輔隙則
부 장 자 국 지 보 야   보 주 즉 국 필 강   보 극 즉

國必弱. 故君之所以患於軍者三
국 필 약   고 군 지 소 이 환 어 군 자 삼

【 세상의 변화에 대처하는 지혜 】

한 나라에서의 장군은 나라를 지켜나가는데 있어서 매우 중요
한 사람이다. 이런 사람이 군주를 잘 보필한다면 국가가 틀림
없이 강해질 것이다. 하지만 군주를 건성으로 보좌하거나 딴
마음을 품는다면 틀림없이 나라가 약해진다. 따라서 군주가 장
군의 말을 듣지 않고 자기 멋대로 군대를 움직여 환난을 초래
하는 3가지의 일이 있다.

【原文】

不知軍之不可以進而謂之進, 不知軍之不
부 지 군 지 불 가 이 진 이 위 지 진   부 지 군 지 불

可以退而謂之退. 是爲미軍.
가 이 퇴 이 위 지 퇴   시 위 미 군

【 세상의 변화에 대처하는 지혜 】

첫째 군대의 진격이 불가능 함에도 불구하고 무조건 진격명령
을 내리는 것이고, 군대가 퇴각해서는 안 되는 것을 알지도 못
하면서 무조건 퇴각명령을 내리는 것이고, 군주가 군대를 자신
의 손바닥 안에 놓고 좌지우지 하는 것이다. 이것은 전쟁에 능
한 정군의 말을 듣지 않고 군주 멋대로 군대를 움직이는 상황
을 말한다.

【原文】

不知三軍之事, 而同三軍之政者, 則軍士惑
부 지 삼 군 지 사 이 동 삼 군 지 정 자 즉 군 사 혹

矣. 不知三軍之權, 而同三軍之任, 則軍士
의 부 지 삼 군 지 권 이 동 삼 군 지 임 즉 군 사

疑矣.
인 승

【 세상의 변화에 대처하는 지혜 】

둘째 군주가 삼군의 사정을 알지도 못하면서 자가 멋대로 군대의 행정에 간섭하여 군을 혼란에 빠트리는 것을 말한다. 즉 군대란 전쟁에 능한 장수의 작전대로 일산분란하게 움직여야만 전쟁에서 승리할 수가 있다. 삼군(三軍)은 고대 중국 군사편제로 상군?중군?하군으로 구성되어 있는데 1개 10군의 병사 숫자가 12,5000명이다.

【原文】

三軍旣惑且疑, 則諸侯之難至矣, 是謂亂軍
삼 군 기 혹 차 의   즉 제 후 지 난 지 의   시 위 난 군

引勝.
인 승

【 세상의 변화에 대처하는 지혜 】

 셋째 군주가 군대의 지휘 체제를 무시하고 자기 멋대로 군령
에 간섭하여 군부로부터 불신임을 받는 행위를 말한다. 이렇듯
군주가 군부의 혼란을 초래하거나 불심임을 받는다면 틀림없
이 다른 나라의 침략을 받게 된다. 이것은 스스로 자멸하여 적
에게 승리를 고스란히 넘겨주는 꼴이 되기 때문에 군주는 매사
신중해야만 한다.

【原文】

故知勝有五, 知可以戰與不可以戰者勝,
고 지 승 유 오　　지 가 이 전 여 불 가 이 전 자 승

識衆寡之用者勝.
식 중 과 지 용 자 승

【 세상의 변화에 대처하는 지혜 】

 따라서 전쟁에서 승리를 예지할 수 있는 5가지가 있다. 첫째 자국의 상황과 적국의 상황을 세심하게 관찰 비교하여 군사를 일으켜 전쟁을 해야 되는지 아니면 전쟁을 하지 말아야 되는지를 정확하게 판단할 줄 아는 정군만이 승리를 장담할 수가 있다. 둘째 집중과 절약을 아는 장군만이 전쟁에서 무난히 승리할 수가 있다.

【原文】

上下同欲者勝, 以虞待不虞者勝, 將能而君
상 하 동 욕 자 승   이 우 대 불 우 자 승   장 능 이 군

不御者勝. 此五者, 知勝之道也.
불 어 자 승   차 오 자   지 승 지 도 야

【 세상의 변화에 대처하는 지혜 】

 셋째 장군과 병사, 즉 상, 하 관계에 있어서 동일한 욕망과 함께 한마음 한뜻으로 전투에 임한다면 틀림없이 승리할 수가 있다. 넷째 전투준비를 완벽하게 마무리 짓고 기다리고 있는 장군은 준비하지 못한 적과 싸움에서 반드시 승리한다. 다섯째 장군의 능력이 뛰어나고 군주가 간섭하지 않으면 승리한다. 이 다섯 가지는 승리를 알 수 있는 길이다.

【原文】

故曰. 知彼知己, 百戰不殆, 不知彼而知己,
고 왈   지 피 지 기   백 전 불 태   부 지 피 이 지 기

一勝一負, 不知彼不知己, 每戰必殆.
일 승 일 부   부 지 피 부 지 기   매 전 필 태

【 세상의 변화에 대처하는 지혜 】

따라서 적의 능력과 의도를 아군이 완전히 알고 있으면 백번
싸워도 위태롭지 않다. 그러나 적의 상황을 전혀 모른 채 나의
상황만 알고 있다면 한번은 승리하고 한번은 반드시 패배한다.
또한 적의 상황을 전혀 모르고 나의 상황까지 모르고 있다면
이것은 틀림없이 매번 전쟁을 할 때마다 위태롭거나 패배한다.

제4권
軍形篇

싸우기 전에 이길 수 있는 형세를 만들어라.

【原文】

孫子曰. 昔之善戰者, 先爲不可勝, 以侍敵
손 자 왈   석 지 선 전 자   선 위 불 가 승   이 대 적

之可勝. 不可勝在己, 可勝在敵.
지 가 승   불 가 승 재 기   가 승 재 적

【 세상의 변화에 대처하는 지혜 】

손자가 말하길, 옛날에 전쟁을 잘하는 장군은 먼저 적이 자신을 이길 수 없도록 만전의 태세를 갖춘 후 승리가 가능한 적군을 상대로 대적한다. 더더구나 적이 승리하지 못하게 하는 상황은 나에게 달려 있으며, 내가 승리할 수 있는 상황은 적에게 달려있는 것이다. 즉 자가 자신에 대한 능력을 키워야만 어려움을 이겨낼 수 있다는 의미다.

【原文】

故善戰者, 能爲不可勝, 不能使敵必可勝.
고 선 전 자   능 위 불 가 승   불 능 사 적 필 가 승

【 세상의 변화에 대처하는 지혜 】

따라서 전쟁에 능한 장군은 적군이 승리하지 못하게 할 수는 있지만, 적으로 하여금 아군이 반드시 승리할 수 있도록 할 수가 없는 것이다. 이것은 다양한 인간들 사이에서 벌어지는 다양한 일들에 대해 자신의 입맛에 맞도록 유리하게 이끌 수가 없다는 뜻이다. 즉 모든 일을 자기 멋대로 처리할 수 있는 여건 형성이 어렵다는 것이다.

【原文】

故曰. 勝可知, 而不可爲. 不可勝者, 守也.
고왈 승가지 이불가위 불가승자 수야

可勝者, 攻也. 守則不足, 攻則有餘.
가승자 공야 수즉부족 공즉유여

【 세상의 변화에 대처하는 지혜 】

 이에 따라 틀림없이 승리를 예견할 수는 있겠지만, 어떻게 승리하는지는 알 수가 없다. 즉 만약 싸움에서 이길 수 없다고 생각한다면 전술을 방어로 바꾸고, 만약 싸움에 반드시 이길 수 있다고 생각한다면 망설임 없이 공격해야 한다. 즉 방어를 한다는 것은 힘이 부족해서이고, 공격을 한다는 것은 힘이 강하기 때문이다.

【原文】

善守者, 藏於九地之下. 善攻者 動於九天
선 수 자   장 어 구 지 지 하   선 공 자   동 어 구 천

之上. 故能自保而全勝也.
지 상   고 능 자 보 이 전 승 야

【 세상의 변화에 대처하는 지혜 】

 적으로부터 방어를 잘하는 장군은 적에게 자신의 병력이 어디에 숨어있는지를 모르게 하여 적이 아무 곳이나 공격할 수 없도록 하는 것이며, 공격을 할 때는 높은 하늘에서 아래를 내려다보듯이 적의 움직임을 보고 공격해야만 한다. 공격을 잘하는 장군은 기상조건을 이용해서 움직여야 한다. 이렇게 하면 아군을 보호하면서 승리할 수 있다.

【原文】

見勝不過衆人之所知, 非善之善者也. 戰勝
견 승 불 과 중 인 지 소 지   비 선 지 선 자 야   전 승

而天下曰善, 非善之善者也.
이 천 하 왈 선,   비 선 지 선 자 야

【 세상의 변화에 대처하는 지혜 】

 많은 사람들이 쉽게 예측한 승리는 진정한 승리라고 할 수가
없다. 또한 전쟁에서 승리한 것을 천하의 모든 사람들이 잘했
다고 칭찬한다면, 그 승리는 최선의 승리가 아니다. 세상에서
전쟁 영웅으로 추앙받는 사람들의 공통부분을 보면, 자신의 희
생이나 중과부적 등 최악의 상황에서 적군과의 치열한 전투에
서 승리한 것이다.

【原文】

故擧秋毫不爲多力, 見日月不爲明目, 聞雷
고 거 추 호 불 위 다 력 견 일 월 불 위 명 목 문 뢰

霆不爲聰耳.
정 불 위 총 이

【 세상의 변화에 대처하는 지혜 】

 고로 가을에 털갈이하는 짐승들의 가벼운 털을 들고 힘이 세
다고 하지 않고, 환하게 빛나는 해와 달을 보았다고 밝은 눈이
라고 하지 않고, 큰 천둥소리를 들었다고 귀가 밝다고 하지 않
는다. 즉 벼가 익을수록 고개를 숙이듯이 사람 또한 학문이 깊
을수록 자신을 내세우지 않고 오히려 겸손함으로 상대방을 대
한다는 의미이다.

【原文】

古之所謂善戰者, 勝于易勝者也. 故善戰之
고 지 소 위 선 전 자　승 우 이 승 자 야　고 선 전 지

勝也, 無智名, 無勇功.
승 야　무 지 명　무 용 공

【 세상의 변화에 대처하는 지혜 】

예로부터 전쟁에 능하여 전투를 잘하는 장군은 적을 쉽게 이
길 수 있는 여건을 조성한 후에 적과 싸워 자연스럽게 이기는
사람이다. 이에 따라 전쟁에 능한 장군의 승리는 지략이나 용
감함이 평범한 사람들의 눈에는 잘 띄지 않는다. 이것은 자기
자신의 할 일을 자랑하기 위해 하는 것이 아니라 자신의 처지
에 맞도록 자연스럽게 행동하는 것이다.

【原文】

故其戰勝不慝, 不慝者, 其所措必勝, 勝已敗
고 기 전 승 불 특   불 특 자   기 소 조 필 승   승 이 패

者也. 故善戰者, 立於不敗之地, 而不失敵
자 야   고 선 전 자   입 어 불 패 지 지   이 불 실 적

之敗也.
지 패 야

【 세상의 변화에 대처하는 지혜 】

 고로 그 전쟁의 승리는 한 치의 착오도 없다. 승리에 대한 착오가 없다는 것은 그 착오에 대해 것을 미리 조치를 해두었기 때문에 반드시 승리하게 되어 있는 것으로, 이미 패배한 적에게 승리를 하는 것이다. 고로 전쟁을 잘하는 장군은 사전준비를 철저하게 해놓았기 때문에 처음부터 패자와 싸우는 것이나 마찬가지다.

【原文】

是故勝兵先勝而後求戰 敗兵先戰而後求勝.
시 고 승 병 선 승 이 후 구 전 패 병 선 전 이 후 구 승

善用兵者, 修道而保法, 故能爲勝敗之政.
선 용 병 자 수 도 이 보 법 고 능 위 승 패 지 정

【 세상의 변화에 대처하는 지혜 】

고로 승리하는 군대는 먼저 승리할 수 있는 만반의 준비태세를 갖춰놓고 전쟁을 일으킨다. 즉 승리하는 군대는 먼저 적을 눌러 놓은 후에 전쟁을 일으키지만, 패하는 군대는 무조건 전쟁을 일으킨 후에 승리를 얻으려고 한다. 군대를 잘 움직이는 장군은 지도력을 잘 수양하고 법과 제도를 잘 보전한다. 고로 승패를 다스릴 수 있는 능력도 있다.

【原文】

兵法, 一曰度, 二曰量, 三曰數, 四曰稱,
병 법 일 왈 도 이 왈 량 삼 왈 수 사 왈 칭

五曰勝. 地生度, 度生量, 量生數, 數生稱,
오 왈 승 지 생 도 도 생 량 양 생 수 수 생 칭

稱生勝.
칭 생 승

【 세상의 변화에 대처하는 지혜 】

병법의 다섯 가지 요소 중 첫째 지형의 크기를 아는 것이고, 둘째 생산량을 아는 것이고, 셋째 인구수를 아는 것이고, 넷째 전력의 우월 평가하는 것이고, 다섯째 승리인 것이다. 즉 지형의 넓이를 계측하고, 생산량에서 병력의 수가 발생하고, 이에 따라 군사력이 결정된다. 군사력에 따라 승리가 결정된다.

【原文】

故勝兵若以鎰稱銖, 敗兵若以銖稱鎰. 勝者
고 승 병 약 이 일 칭 수   패 병 약 이 수 칭 일   승 자

之戰民也, 若決積水於千인之溪者, 形也.
지 전 민 야   약 결 적 수 어 천 인 지 계 자   형 야

【 세상의 변화에 대처하는 지혜 】

 승리하는 군대는 무거운 천칭으로 가벼운 저울추를 상대하는
것과 같다. 이와 반대로 패하는 군대는 가벼운 저울추로 무거
운 천칭을 상대하는 것과 같다. 승자의 진형은 천길 높이의 계
곡에 축적된 물을 쏟아내는 것과 같다. 이것이 군 형이다. 일
(鎰)은 고대 중국의 무게 단위로 쌀 한 되의 24/1. 수(銖)는 고대
중국의 무게 단위로 1냥의 24/1.

《原文 孫子兵法》

제5권
兵勢篇

유리한 태세를 먼저 갖추고 기세를 만들어라.

【原文】

孫子曰. 凡治衆如治寡, 分數是也, 鬪衆如
손 자 왈   범 치 중 여 치 과   분 수 시 야   투 중 여

鬪寡, 形名是也.
투 과   형 명 시 야

【 세상의 변화에 대처하는 지혜 】

손자가 말하길, 대군을 다루는 것이 마치 적은 병력을 지휘하듯이 일사분란하게 움직이는 것은 대군을 작게 나누어 편성했기 때문이다. 또한 대군들을 전투에 투입하여 싸우게 하면서도 마치 적은 병력과 전투를 하는 것처럼 보여 지는 것은 시각과 청각의 신호를 사용했기 때문에 병사들이 일사분란하게 움직이기 때문이다.

【原文】

三軍之衆, 可使必受敵而無敗者, 奇正是
삼 군 지 중   가 사 필 수 적 이 무 패 자   기 정 시

也, 兵之所加, 如以단投卵者, 虛實是也.
야   병 지 소 가   여 이 단 추 란 자   허 실 시 야

【 세상의 변화에 대처하는 지혜 】

 삼군의 군사가 적의 기습공격을 받음에도 불구하고 패하지 않
는 것은 기이한 변칙과 정석의 원칙을 조화롭게 운용했기 때문
이다. 아군이 적군을 공격할 때는 마치 숫돌로 계란을 부시는
것처럼 행하는 것은 적의 허실을 잘 알고 공격하기 때문이다.
즉 회사를 운영함에 있어서 만반의 준비를 해놓는다면 위기에
도 흔들리지 않는다는 의미다.

【原文】

凡戰者, 以正合, 以奇勝. 故善出奇者, 無窮
범 전 자 이 정 합 이 기 승 고 선 출 기 자 무 궁

如天地, 不竭如江河.
여 천 지 불 갈 여 강 하

【 세상의 변화에 대처하는 지혜 】

 모든 전쟁을 하는 장군은 정석의 원칙으로 대적하고 기술적인
변칙으로 승리한다. 고로 변칙을 잘 운용하는 장군은 하늘과
땅의 조화처럼 작전이 무궁무진하고 강하처럼 메마르지 않는
다. 여기서 지칭하는 강하는 양자강과 황하를 의미하는 것이
다. 또한 기(奇)와 정(正)은 손자병법의 핵심적인 어구이다.

【原文】

終而復始, 日月是也. 死而復生, 四時是也.
종 이 부 시   일 월 시 야   사 이 부 생   사 시 시 야

【 세상의 변화에 대처하는 지혜 】

해와 달이 기울었다가 다시 솟아나는 것은 마치 4계절처럼 자
나갔다가 다시 오는 것과 같은 이치다. 다시 말해 종료된 것처
럼 보이면서도 다시 시작하는 것이 마치 해와 달이 반복적으로
지고 떠오르는 것과 같다. 더구나 사망한 것처럼 보이면서도
다시 생동하는 것이 마치 사계절의 변화와 같다. 즉 세상의 일
이란 연속적으로 반복됨을 말한다.

【原文】

聲不過五, 五聲之變, 不可勝聽也, 色不過
성 불 과 오   오 성 지 변   불 가 승 청 야   색 불 과

五, 五色之變, 不可勝觀也.
오   오 색 지 변 불 가 승 관 야

【 세상의 변화에 대처하는 지혜 】

 소리의 기본은 다섯 가지에 불과하지만, 이것이 변하면 모두
를 다 청취하기가 불가능하다. 색의 기본은 다섯 가지에 불과
하지만, 이것이 변하면 모두를 다 관찰하기가 불가능하다. 오
성(五聲)은 고대 중국 음악의 음계인 궁(宮), 상(商), 각(角), 치
(徵), 우(羽) 등인데, 우리나라의 아악이 이것을 기초로 해서 탄
생되었다.

【原文】

味不過五, 五味之變, 不可勝嘗也. 戰勢,
미 불 과 오 오 미 지 변 불 사 승 상 야 전 세

不過奇正, 奇正之變, 不可勝窮也.
불 과 기 정 기 정 지 변 불 가 승 궁 야

【 세상의 변화에 대처하는 지혜 】

 원색은 오직 다섯 가지(적, 청, 황, 흑, 백)지만, 이것들의 변화
는 무궁무진한 것이고, 미각의 기본 역시 다섯 가지지만, 이것
들의 변하는 이루 말할 수 없을 정도로 다양하기 때문에 모두
를 맛본다는 것은 실로 불가능하다. 즉 전술도 원칙과 변칙의
두 가지에 불과하지만, 기정이 변화하면 모든 것을 알기는 불
가능하다.

【原文】

奇正相生, 如循環之無端, 孰能窮之哉?

기 정 상 생   여 순 환 지 무 단   숙 능 궁 지 재

【 세상의 변화에 대처하는 지혜 】

따라서 기정법은 서로 생동하여 순환하기 때문에 이곳에서 나오는 전략전술은 이루 말 할 수 없이 무궁무진하게 많다. 따라서 그 어느 누구도 돌고 돌아가는 순환에 대해 능숙하게 모든 것을 궁리해 낼 수가 없다. 즉 전쟁의 승패를 좌우하는 것은 기정(奇正)에 달려있겠지만 장군이 머리에서 짜내는 작략전술은 헤아릴 수 없이 많다는 의미다.

【原文】

激水之疾, 至於漂石者, 勢也. 지鳥之疾,
격 수 지 질 지 어 표 석 자 세 야   지 조 지 질

至於毁折者, 節也.
지 어 훼 절 자 절 야

【 세상의 변화에 대처하는 지혜 】

 요동치며 격렬하게 흐르는 물이 질풍처럼 흘러 무거운 돌을
표류하게 하는 것이 기세다. 사나운 새가 질풍처럼 날아와 짐
승을 재빨리 채가는 것이 절도다. 전투를 함에 있어서 확실한
승리를 굳히기 위해서는 적을 공격할 때 망설임 없이 밀어붙여
야 하고 이와 동시에 짜임새 있는 절도가 가미되어야 한다는
것이다.

【原文】

是故善戰者, 其勢險, 其節短. 勢如彍弩,
시 고 선 전 자　기 세 험　기 절 단　세 여 확 노

節如發機.
절 여 발 기

【 세상의 변화에 대처하는 지혜 】

　이에 따라 전투를 잘하고 전쟁에 능한 장군은 기세가 성난 파
도와 같고 그 절도가 칼날처럼 딱 부러지며 매우 짧아 보인다.
또한 그 기세는 활을 잡아당기는 것과 같고, 그 절도는 발사된
화살과 같은 것이다. 즉 전투를 임할 때 모든 전력을 완벽하게
갖춰놓고 대기하다가 결정적인 순간에 힘을 한곳으로 밀어붙
이는 것을 말한다.

【原文】

紛紛운운, 鬪亂而不可亂也. 渾渾沌沌,
분 분 운 운 투 란 이 불 가 난 야 혼 혼 돈 돈

形圓, 而不可敗也.
형 원 이 불 가 패 야

【 세상의 변화에 대처하는 지혜 】

 의견이 분분하듯이 전투가 혼란해져 보이지만 아군은 대오를
혼란스럽게 하지 않고 질서 있게 싸우기 때문에 전혀 걱정할
필요가 없다. 만약 혼전의 양상으로 치달아 아군이 약속된 진
형을 이탈하여 적에게 포위되었어도 패배하지 않는다. 즉 아군
의 병사들이 전쟁에 대비하여 훈련을 철저하게 받았기 때문에
전혀 걱정하지 않아도 된다는 의미다.

【原文】

亂生於治, 怯生於勇, 弱生於强. 治亂,
난 생 어 치 겁 생 어 용 약 생 어 강 치 난

數也. 勇怯, 勢也. 强弱, 形也.
수 야 용 겁 세 야 강 약 형 야

【 세상의 변화에 대처하는 지혜 】

아무리 잘 훈련되고 통제가 잘된 군대라고 할지라도 당연히 혼란이 발생한다. 용감한 군대에도 비겁함은 생겨난다. 강한 군대에도 나약함이 발생한다. 또한 잘 통치되는 것과 혼란을 결정하는 것이 병력수의 적절한 편성에 있다. 용맹과 비겁함을 결정하는 것이 기세이다. 막강함과 나약함을 결정하는 것은 진형이다.

【原文】

故善動適者, 形之, 適必從之, 予之,
고 선 동 적 자 형 지 적 필 종 지 여 지

適必取之, 以利動之, 以卒待之.
적 필 취 지 이 리 동 지 이 졸 대 지

【 세상의 변화에 대처하는 지혜 】

고로 적을 능수능란하게 자유자재로 잘 선동하는 장군은 진형을 잘 이용하여 아군이 불리한 것처럼 위장하여 적이 그 계략에 말려들게 한 후 공격하도록 하는 사람이다. 더구나 적으로 하여금 아군이 던진 미끼를 반드시 탈취하게 만들고, 이런 미끼에 적병이 동원되는 기회를 아군은 놓치지 않고 공격의 기회로 삼는다.

【原文】

故善戰者, 求之於勢, 不責於人, 故能擇人
고 선 전 자 구 지 어 세 불 책 어 인 고 능 택 인

而任勢. 任勢者, 其戰人也, 如轉木石,
이 임 세 임 세 자 기 전 인 야 여 전 목 석

【 세상의 변화에 대처하는 지혜 】

 따라서 전쟁을 잘하는 장군은 전쟁의 승패를 기세에서 찾고 병사들에겐 절대로 문책하지 않는다. 고로 능력 있는 자를 선발하여 적재적소에 임명하고 그 외는 기세에 맡겨 둔다. 기세를 잘 조정하는 장군은 전쟁을 시작할 때면 병사들을 목석처럼 전환시키는 능력이 있다. 따라서 장군은 군사들은 나무와 돌처럼 자유자재로 움직이게 한다.

【原文】

木石之性, 安則靜, 危則動, 方則止, 圓則
목 석 지 성 안 즉 정 위 즉 동 방 즉 치 원 즉

行. 故善戰人之勢, 如轉圓石於千인之山
행 고 선 전 인 지 세 여 전 원 석 어 천 인 지 산

者, 勢也.
자 세 야

【 세상의 변화에 대처하는 지혜 】

　나무와 돌의 성질은 편안한 곳에서는 움직이지 않고, 위태로운 곳에서 두면 움직인다. 또한 네모난 것은 정지하지만 둥글게 생기면 굴러간다. 이에 따라 병사들이 전투에서 용감하게 싸우게 하려면 그들을 마치 높은 언덕 위에서 둥근 돌을 언덕 아래로 굴리는 듯 한 기세로 만들어야 한다. 그래야만 전투에서 승리할 수 있다.

《原文 孫子兵法》

제6권
虛實篇

누구나 약점은 있다. 적의 허점을 찾아라.

【原文】

孫子曰. 凡先處戰地, 而待敵者佚, 後處戰
손 자 왈   범 선 처 전 지   이 대 적 자 일   후 처 전

地. 而趨戰者勞, 故善戰者, 致人而不致於人.
지   이 추 전 자 로   고 선 전 자   치 인 이 불 치 어 인

【 세상의 변화에 대처하는 지혜 】

 손자가 말하길, 전쟁을 시작하기 전에 미리 좋은 자리를 선점
한 후 적군을 기다리다가 상대하는 군대는 편안하다. 하지만
늦게 도착하여 좋은 자리를 놓친 군대는 전투에서 피곤할 뿐이
다. 이에 따라 전쟁을 잘 하는 장군은 적병을 자신의 의도대로
통치할 수가 있지만 적에게는 절대로 통치되지 않는 사람이다.

【原文】

能使敵人自至者, 利之也. 能使敵人不得至
능 사 적 인 자 지 자   이 지 야   능 사 적 인 부 득 지

者, 害之也. 故敵佚能勞之, 飽能飢之, 安能
자   해 지 야   고 적 일 능 로 지   포 능 기 지   안 능

動之.
동 지

【 세상의 변화에 대처하는 지혜 】

　적병을 자기 자신에게 이르게 하는 것을 가능하게 하려면 이익을 미끼로 유인하라. 적병이 자기 자신에게 이득이 없다는 것을 가능하게 하려면 아군 쪽으로 오는 것이 손해라고 생각하게 하라. 고로 적이 쉬려고 하면 피로하게 하고 포만감이 들 정도로 배부르다면 기아에 허덕이게 하라. 적이 편안하게 있다면 쉬지 못하고 움직이게 만들어라.

【原文】

出其所不趨, 趨其所不意. 行千里而不勞
출 기 소 불 추　추 기 소 불 의　행 천 리 이 불 로

者, 行於無人之地也.
자　행 어 무 인 지 지 야

【 세상의 변화에 대처하는 지혜 】

　적병이 급히 추격하여 출격할 수 없는 장소로 진격하라. 적병이 급히 추격하여 출동할 수 없는 전혀 뜻밖의 장소를 택해서 공격하라. 이것은 천릿길을 행군해도 아군이 피로하지 않게 하려면 적군이 없는 지형으로 행군하라. 즉 아군의 피해가 전혀 없이 온전하게 전투에 임하기 위해서는 적들이 눈치 채지 못한 장소가 좋다는 의미다.

【原文】

攻而必取者, 攻其所不守也. 守而必固者,
공 이 필 취 자　공 기 소 불 수 야　수 이 필 고 자

守其所不攻也.
수 기 소 불 공 야

【 세상의 변화에 대처하는 지혜 】

적군을 공격하여 반드시 탈취할 수 있는 것은 적이 수비하지 않는 장소를 공격하기 때문이다. 적의 공격을 견고하게 막아서 수비할 수 있는 것은 적이 공격할 수 없도록 방비하기 때문이다. 이것은 적들로 하여금 아군이 있는 곳을 알지 못하게 위장하는 것이며, 이로 인한 아군의 피해를 온전하게 피할 수 있는 것이다.

【原文】

故善攻者, 敵不知其所守. 善守者, 敵不知
고 선 공 자　적 부 지 기 소 수　선 수 자　적 부 지

其所攻
기 소 공

【 세상의 변화에 대처하는 지혜 】

고로 공격을 잘 하는 장군은 적이 수비를 할 때 아군의 공격 장소가 어디인지를 모르게 한다. 이와 반대로 방어에 능통한 장군은 적이 어디를 공격해야 할지를 눈치 채지 못하게 한다. 전쟁은 적군과 정면으로 맞붙은 싸움에서 이기기도 하지만, 우회적으로 다양한 계략을 발휘하여 승리하는 것이 아군의 피해를 줄이는데 최고다.

【原文】

微乎微乎, 至於無形, 神乎神乎, 至於無聲,
미 호 미 호　　지 어 무 형　　신 호 신 호　　지 어 무 성

故能爲敵之司命.
고 능 위 적 지 사 명

【 세상의 변화에 대처하는 지혜 】

너무나 미묘해서 보이지 않으며, 너무나 신비해서 들리지가
않는다. 즉 미세하게 다가오기 때문에 형체가 없다는 의미다.
다시 말해 귀신처럼 살며시 다가오니 소리가 들리지 않는다.
따라서 전쟁터에서 이런 것들이 자유자재로 가능해야만 적의
생명을 떡 주물 듯이 마음대로 주물 수가 있어 승리를 할 수가
있다.

【原文】

進而不可御者, 沖其虛也. 退而不可追者,
진 이 불 가 어 자   충 기 허 야   퇴 이 불 가 추 자

速而不可及也.
속 이 불 가 급 야

───────────────────────────────

【 세상의 변화에 대처하는 지혜 】

아군이 진격하여 공격할 때 적들이 방어할 수 없는 까닭은 아군이 적의 허점을 제대로 찾아서 공격하기 때문이다. 아군이 다음의 공격을 위하건 작전상 후퇴이건 간에 적들이 추격할 수 없는 것은 아군의 후퇴하는 속도가 빨라서 적이 뒤쫓아 오지 못하기 때문이다. 즉 전쟁에서 아군의 피해를 줄이기 위해서는 신속한 행동이 중요하다는 의미다.

【原文】

故我欲戰, 敵雖高壘深溝, 不得不與我戰者,
고 아 욕 전   적 수 고 루 심 구   부 득 불 여 아 전 자

攻其所必救也.
공 기 소 필 구 야

【 세상의 변화에 대처하는 지혜 】

따라서 아군이 싸우고자 하는 욕심이 있다면, 적이 비록 높은 누각을 쌓고 깊은 구덩이를 파서 방비했더라도 어쩔 수 없이 아군에게 달려와 전투를 할 수밖에 없는 까닭은, 적군들이 전쟁에서 승리하거나 또는 패하지 않기 위해 반드시 필요한 급소를 아군이 공격하기 때문이다. 즉 요지부동의 상대방을 공략할 때 필요한 전술이다.

【세상의 변화에 대처하는 지혜】

아군이 전투를 하지 않을 욕심이 있다면 비록 아무 지형에나 구획에 선을 긋고 수비하더라도, 적들이 아군에게 전투를 유도할 수 없는 이유는 적이 공격할 장소를 어그러뜨려 방향을 바꿔놓았기 때문이다. 즉 아무리 허술한 방어태세이지만 아군이 어떤 숨겨진 계책이 있을지 모른다는 생각을 적들이 하게끔 했기 때문이다.

【原文】

故形人而我無形, 則我專而敵分. 我專爲一,
고 형 인 이 아 무 형　 즉 아 전 이 적 분　 아 전 위 일

敵分爲十, 是以十攻其一也.
적 분 위 십　 시 이 십 공 기 일 야

【 세상의 변화에 대처하는 지혜 】

고로 적의 진형은 드러나게 하고 아군의 진형은 보이지 않게 한다. 즉 아군의 모든 힘을 오직 한곳으로만 집중할 수 있게 하여 적병이 분산될 수밖에 없도록 한다. 다시 말해 아군은 모든 전략을 한곳으로 집중하게 하고, 적군을 열 곳으로 분산시키면 열개의 힘으로 아군의 한곳을 공격하게 되는 것이 된다.

【原文】

則我衆而敵寡, 能以衆擊寡者, 則吾之所與
즉 아 중 이 적 과   능 이 중 격 과 자   즉 오 지 소 여

戰者, 約矣.
전 자   약 의

【 세상의 변화에 대처하는 지혜 】

즉, 열사람이 한 사람을 공격하는 것과 같기 때문에 아군은 수
가 많고 적병의 수는 적어지게 된다. 이렇게 되면 많은 수의 아
군으로 과부족인 적병을 공격한다면 아군이 싸워야 할 적은 곤
경에 처하게 된다. 즉 상대가 대군으로 공격해 올 때 가장 먼저
해야 할 일은 상대를 분산시키는 전술전략이 우선 되어야 승산
이 있다.

【原文】

吾所與戰之地, 不可知, 則敵所備者多,
오 소 여 전 지 지　불 가 지　즉 적 소 비 자 다

敵所備者多, 則吾之所與戰者寡矣.
적 소 비 자 다　즉 오 지 소 여 전 자 과 의

【 세상의 변화에 대처하는 지혜 】

아군이 공격할 장소를 적이 모르게 하는 것이 좋다. 즉 적이 아군의 공격할 장소를 알지 못한다면, 아군이 어디를 공격할지 모르기 때문에 자연적으로 방비할 곳이 많아지게 된다. 이것은 적이 방비할 장소가 많아지게 되면서 아군이 상대할 적병의 수가 분산되어 적어진다. 그래야만 승리를 장담할 수가 있는 것이다.

【原文】

故備前則後寡, 備後則前寡, 備左則右寡,
고 비 전 즉 후 과   비 후 즉 전 과   비 좌 즉 우 과

備右則左寡,
비 우 즉 좌 과

【 세상의 변화에 대처하는 지혜 】

이에 따라 전방에 집중하여 수비를 하면 후방이 약해지고, 후방에 집중하여 수비를 하면 전방이 약해진다. 또한 좌측을 방비하면 우측이 약해지고, 우측을 방비하면 좌측이 약해진다. 성을 공격할 때 이와 같은 약점을 가지고 있기 때문에 적군의 방어망을 잘 살펴본다면 아군의 피해도 줄일 수 있고, 온전한 채로 승리할 수 있다.

【原文】

無所不備, 則無所不寡. 寡者備人者也,
무 소 불 비   즉 무 소 불 과   과 자 비 인 자 야

衆者使人備己者也.
중 자 사 인 비 기 자 야

【 세상의 변화에 대처하는 지혜 】

이렇게 모두 수비하지 않는 장소가 없어지게 만들면 하나 같이 부족하지 않은 장소가 없게 된다. 적병이 적은 이유는 분산되어 아군을 수비를 해야 하기 때문이다. 이와 반대로 아군이 많은 이유는 적병이 아군을 방어하게 만들기 때문이다. 그러면 아군은 공격하기가 훨씬 쉬워지면서 승산은 아군에로 넘어온다.

【原文】

故知戰之地, 知戰之日, 則可千里而會戰.
고 지 전 지 지　지 전 지 일　즉 가 천 리 이 회 전

不知戰地, 不知戰日, 則左不能救右,
부 지 전 지　부 지 전 일　즉 좌 불 능 구 우

右不能救左,
우 불 능 구 좌

【 세상의 변화에 대처하는 지혜 】

　고로 전쟁을 하게 될 지형과 기상상태를 잘 알고 있는 장군일수록 천리나 떨어진 먼 거리일지라도 회동하여 전투가 가능하다. 하지만 전쟁을 하게 될 지형과 기상상태를 잘 알지 못하는 장군은 왼쪽에서 오른쪽을 구할 수 없고, 오른쪽에서 왼쪽을 구하는 것이 불가능하다. 즉 적의 지형지물을 잘 파악하고 있다면 백전백승할 수 있다.

【原文】

前不能救後, 後不能救前, 而況遠者數十里,
전 불 능 구 후　후 불 능 구 전　이 황 원 자 수 십 리

近者數里乎.
근 자 수 리 호

【 세상의 변화에 대처하는 지혜 】

또한 전방에서 후방을 구하는 것이 불가능하고 후방에서 전방을 구하는 것이 불가능하다. 상황이 이러면 원거리로는 수 십리, 근거리로는 수리에 떨어진 부대를 어떻게 지원할 수 있겠는가. 한마디로 이런 상황을 잘 살핀다면 군사가 적고 많음을 떠나 반드시 승리할 수 있는 적군의 허점들을 발견할 수 있을 것이다.

【原文】

以吾度之, 越人之兵雖多, 亦奚益於勝敗哉.
이 오 탁 지   월 인 지 병 수 다   역 해 익 어 승 패 재

故曰勝可爲也. 敵雖衆, 可使無鬪.
고 왈 승 가 위 야   적 수 중   가 사 무 투

【 세상의 변화에 대처하는 지혜 】

이런 여러 가지 상황을 분석하여 계략을 잘 관철시킨다면 월나라 병사의 수가 많다고 하지만, 전쟁의 승패에 어떤 이익도 없을 것이다. 고로 아군의 승리가 당연하다고 말할 수 있다. 또한 적병의 수가 많다고는 하지만 적군이 아군과 전투를 하지 못하게 만들 수도 있는 것이다. 월(越)나라는 오나라의 원수로서 오월동주(吳越同舟)라는 숙어가 있다.

【原文】

故策之而知得失之計, 作之而知動静之理,
고 책 지 이 지 득 실 지 계　작 지 이 지 동 정 지 리

形之而知死生之地, 角之而知有余不足之處.
형 지 이 지 사 생 지 지　각 지 이 지 유 여 부 족 지 처

【세상의 변화에 대처하는 지혜】

고로 적의 정세를 파악하여 이해득실을 계산하고 소규모의 작전을 통하여 적의 동정을 살핀다. 아군의 진형을 이용하여 적군이 패할 수 있는 전쟁터인지, 혹은 적군이 패하지 않은 전쟁터인지에 대한 지형을 살핀다. 그런 다음으로 정찰을 통하여 적병의 방어가 우세한 곳과 부족한 곳을 꼼꼼히 살펴 판단 한다.

【原文】

故形兵之極, 至於無形, 無形則深間不能窺,
고 형 병 지 극   지 어 무 형   무 형 즉 심 간 불 능 규

智者不能謀.
지 자 불 능 모

【 세상의 변화에 대처하는 지혜 】

고로 군대를 운영하는 극치는 적들에게 군대의 형체가 보여지게 해서는 안 된다. 적들이 알지 못하는 무형의 형체는 적의 간첩이 심연처럼 깊게 침투해도 아군의 허실을 엿볼 수가 없다. 아무리 지혜로운 적이라 할지라도 자신들에게 유리한 계략을 꾸미는 것이 불가능 하다. 즉 아군의 모든 것을 노출시켜서는 안 된다는 의미다.

【原文】

因形而錯勝於衆, 衆不能知, 人皆知我所以
인 형 이 조 승 어 중   중 불 능 지   인 개 지 아 소 이

勝之形, 而莫知吾所以制勝之形.
승 지 형   이 막 지 오 소 이 제 승 지 형

【 세상의 변화에 대처하는 지혜 】

진형을 잘 배치하여 승리를 하더라도 병사들은 어떻게 이겼는
지에 대해 알지 못한다. 이때 사람들은 승리의 원인을 진형의
배치로 알고 있지만, 이렇게 이길 수 있도록 만든 작전에 대해
서는 전혀 알지 못한다. 즉 비록 장교들이라 하더라도 개략적
으로만 아군의 승리를 알겠지만, 장군인 내가 어떻게 그 형세
를 통제하여 승리했는지는 알지 못한다.

【原文】

故其戰勝不復, 而應形於無窮.
고 기 전 승 불 부   이 응 형 어 무 궁

【 세상의 변화에 대처하는 지혜 】

여기서 주의할 점은 한번 전쟁에서 승리한 작전은 두 번 다시
사용해서는 안 된다. 그 까닭은 적들의 진형 배치가 다양해짐
에 따라 이에 대응하는 작전 또한 무궁한 형세로 변화되어야
하기 때문에 끝없이 전략전술을 개발해 응용하여야 한다. 즉
지형과 군사의 배치를 비롯해 그날의 기상조건 등을 감안한 전
략전술이 필요하기 때문이다.

【原文】

夫兵形象水, 水之形避高而趨下, 兵之形,
부 병 형 상 수   수 지 형 피 고 이 추 하   병 지 형

避實而擊虛, 水因地而制流 兵應敵而制勝.
피 실 이 격 허   수 인 지 이 제 류   병 인 적 이 제 승

【 세상의 변화에 대처하는 지혜 】

 군대를 운용하고 지휘함에 있어서는 물의 형상을 닮아야 한
다. 물의 성질은 고지대를 피해 아래로 흘러간다. 이와 마찬가
지로 군대를 운용하고 지휘함에 있어서도 적의 견실한 곳을 피
하고 적의 허점을 공격해야 한다. 물의 흐름이 지형의 생긴 원
인에 따라 결정되듯이 군대 또한 적의 상황에 따라 승리의 방
법을 강구해야만 한다.

【原文】

故兵無常勢, 水無常形, 能因敵變化而取勝
고 병 무 상 세   수 무 상 형   능 인 적 변 화 이 취 승

者, 謂之神. 故五行無常勝, 四時無常位,
자   위 지 신   고 오 행 무 상 승   사 시 무 상 위

日有短長, 月有死生.
일 유 단 장   월 유 사 생

【 세상의 변화에 대처하는 지혜 】

이에 따라 항상 군대의 형세도 변해되어야 한다. 물은 언제나 일정한 모양이 없다. 적이 변화하는 원인에 따라 자신을 변화시켜 승리를 쟁취하는 장군을 두고 귀신같은 군대라고 부른다. 고로 오행은 항상 상생?상극한다. 사계절의 위치가 순환하며, 해는 계절에 따라 짧고 길게 변한다. 달은 한 달을 주기로 차고 기운다. 이에 따라 항상 군대의 형세도 변해되어야 한다. 물은 언제나 일정한 모양이 없다. 적이 변화하는 원인에 따라 자신을 변화시켜 승리를 쟁취하는 장군을 두고 귀신같은 군대라고 부른다. 고로 오행은 항상 상생?상극한다. 사계절의 위치가 순환하며, 해는 계절에 따라 짧고 길게 변한다. 달은 한 달을 주기로 차고 기운다.

《原文 孫子兵法》

제7권
軍爭篇

유리한 지형을 차지하고 먼저 기선을 제압하라.

【原文】

孫子曰. 凡用兵之法, 將受命於君, 合軍聚衆,
손 자 왈   범 용 병 지 법   장 군 명 어 군   합 군 취 중

交和而舍, 莫難於軍爭.
교 화 이 사 막 난 어 군 쟁

【 세상의 변화에 대처하는 지혜 】

 손자가 말하길, 군대를 운용하는 방법은, 장군이 군주의 출격
명령을 수락하면 군대를 조합하여 병사를 취득하고, 군영의 막
사를 적과 대치하여 주둔한다. 적보다 유리한 위치를 얻기 위
해 경쟁하는 것보다 어려운 것이 없다. 교화이사(交和而舍)는
막사에서 전우끼리 화합하고 이해가 되어야만 뜻을 합쳐 싸울
수 있다는 의미다.

【原文】

軍爭之難者, 以迂爲直, 以患爲利. 故迂其途,
군 쟁 지 난 자 이 우 위 직 이 환 위 리   고 우 기 도

而誘之以利, 後人發, 先人至, 此知迂直之計
이 유 지 이 리 후 인 발 선 인 지 차 지 우 직 지 계

者也.
자 야

【 세상의 변화에 대처하는 지혜 】

이처럼 군대와 군대끼리 전투가 힘들고 어려운 것을 해결하기
위해서는 우회하여 직진하는 효과를 만들어야 하고, 환란을 이
득으로 만들어야 하기 때문이다. 즉 우회하여 이득으로써 적을
유인하라. 적보다 나중에 출발해도 유리한 곳을 선점할 수가
있는 것이다. 이로써 우회하는 것이 직진하는 것보다 빠르다는
것을 아는 것이다.

【原文】

故軍爭爲利, 軍爭爲危. 擧軍而爭利,
고 군 쟁 위 리   군 쟁 위 위   거 군 이 쟁 리

則不及 委軍而爭利, 則輜重捐.
즉 불 급   위 군 이 쟁 리   즉 치 중 연

【 세상의 변화에 대처하는 지혜 】

따라서 군대가 유리한 자리를 위해서 경쟁하는 것은 이익이
될 수도 있고 한편으론 위험해질 수도 있다. 모든 군대를 동원
하여 유리한 곳을 차지하기 위해서 경쟁하는 것은 오히려 늦어
질 수 있다. 이것은 행동이 재빠르지 못한 까닭이다. 더구나 개
별적으로 지휘관들에게 위임하여 경쟁시키면 군수물자에 손실
이 있을 수가 있다.

【原文】

是故券甲而趨, 日夜不處, 倍道兼行, 百里
시 고 권 갑 아 추   일 야 불 처   배 도 겸 행   백 리

而爭利, 則擒三將軍, 勁者先, 疲者後,
이 쟁 리   즉 금 삼 장 군   경 자 선   피 자 후

其法十一而至.
기 법 십 일 이 지

【 세상의 변화에 대처하는 지혜 】

 갑옷을 걷어붙이고 경쟁적으로 급하게 이동하고, 또한 밤낮을
가리지 않고 배 이상 행군하는 것은 백리 이상의 먼 거리를 갈
수 있겠지만, 모든 장군들이 포로로 잡힌다. 강한 병사는 먼저
가지만 피로한 병사는 뒤쳐진다. 이러한 운용은 군사의 10분의
1도 목적지에 도착하지 못한다. 당시 1일 행군속도가 30리라고
기록되어 있다.

【原文】

五十里而爭利, 則蹶上將軍, 其法半至 三
오십 리 이 쟁 리 즉 궐 상 장 군 기 법 반 지 삼

十里而爭利, 則三分之二至
십 리 이 쟁 리 즉 삼 분 지 이 지

【 세상의 변화에 대처하는 지혜 】

50리 거리를 앞서 작전상의 이익을 얻으려고 경쟁해 이동한다면 상장군이 위험해지고, 목적지엔 병사의 절반만이 도착한다. 30리 거리를 앞서 이익을 얻으려고 경쟁하여 이동한다면 3분의 2만 목적지에 도착하게 된다. 리(里)가 손자시대엔 지금의 거리로 추정하면 400m이고, 병사들의 하루 행군거리는 30리(12km)였다.

【原文】

是故軍無輜重則亡, 無糧食則亡,
시 고 군 무 치 중 즉 망　　무 양 식 즉 망

無委積則亡.
무 위 적 즉 망

【 세상의 변화에 대처하는 지혜 】

고로 멀리서 전투를 벌일 때 군수물자의 수송이 원활하게 이루어지지 않으면 군사들의 사기가 떨어져 반드시 패하고 만다. 더구나 군량미는 병사들에게 있어서 가장 중요한 위치를 차지하기 때문에 만약 군량미가 부족하거나 지속적으로 조달되지 않으면 패하고 만다. 또한 축적된 물자가 없어도 반드시 패하고 만다.

【原文】

故不知諸侯之謀者, 不能豫交 不知山林,
고 부 지 제 후 지 모 자　불 능 예 교　부 지 산 림

險阻, 沮澤之形者, 不能行軍; 不用鄕導者,
험 조　저 택 지 형 자　불 능 행 군　불 용 향 도 자

不能得地利.
불 능 득 지 리

【 세상의 변화에 대처하는 지혜 】

따라서 이웃 나라의 책모를 모르면 외교를 맺을 수가 없다. 또한 산림의 험난함을 모르고, 늪지대의 지형을 잘 알지 못하는 자는 행군이 불가능하다. 지형을 잘 아는 자를 이용하지 못하면 지리적인 이득을 취할 수가 없다. 즉 어떤 일을 함에 있어 상대자에 대해 완벽하게 알지 못한다면 승리로 이끌어 낼 수가 없다.

【原文】

故兵以詐立, 以利動, 以分合爲變者也.
고 병 이 사 립   이 리 동   이 분 합 위 변 자 야

【 세상의 변화에 대처하는 지혜 】

고로 군대는 사기를 쳐서라도 적보다 우위에 서야하고, 이득이 있을 때 무조건 기동해야 한다. 병력을 분산과 집합을 통해 변화 있게 대응해야 한다. 즉 전쟁에서 승리하기 위해서는 무조건 적을 기만하거나 완벽하게 속여야 한다. 만약 그렇지 않으면 적에게 도리어 당할 수가 있기 때문에 먼저 선수를 쳐야만 한다.

【原文】

故其疾如風, 其徐如林, 侵掠如火,
고 기 질 여 풍   기 서 여 림   침 략 여 화

不動如山, 難知如陰, 動如雷霆.
부 동 여 산   난 지 여 음   동 여 뇌 정

【 세상의 변화에 대처하는 지혜 】

고로 행동의 빠르기가 마치 바람과 같고 느리게 움직일 때는 숲처럼 고요하며, 침략은 할 때는 활활 타오르는 불처럼 기세를 왕성하게 하고, 움직이지 않을 때는 거대한 산처럼 신중하고, 숨겨야 할 기밀은 어둠속에서처럼 보이지 않게 하며, 움직일 때는 천둥번개처럼 한다. 즉 군대의 움직임을 표현한 것으로 상황에 따라 변화되어야 한다는 의미다.

【原文】

掠鄕分衆, 廓地分利, 懸權而動, 先知迂直
약 향 분 중   확 지 분 리   현 권 이 동   선 지 우 직

之計者勝, 此軍爭之法也.
지 계 자 승   차 군 쟁 지 법 야

【 세상의 변화에 대처하는 지혜 】

 적국의 고을을 공격하여 얻거나 약탈한 전리품은 병사에게 골고루 분배해 주고, 점령지역을 탈취하여 영토를 확대하면 그 이득을 골고루 나누어 주고, 매사 얻은 이득은 저울질하여 공평하게 나누어 주도록 해야 한다. 우회와 직진의 장단점을 아는 사람만이 승리를 쟁취할 수가 있다. 이것이 바로 전쟁의 원칙이요, 방법인 것이다.

【原文】

軍政曰. 言不相聞 故爲鼓金 視不相見 故
군 정 왈 언 불 상 문 고 위 고 금 시 불 상 견   고

爲旌旗 夫金鼓旌旗者 所以一民之耳目也.
위 정 기 부 금 고 정 기 자 소 이 일 민 지 이 목 야

【 세상의 변화에 대처하는 지혜 】

군정이란 옛날 병서에서 말하길, 전쟁터에서는 말을 하여도
서로가 들을 수 없기 때문에, 북과 징으로 신호를 한다. 또한 시
각적으로 서로를 볼 수 없기 때문에 깃발로 신호한다. 이런 북
과 징과 깃발 등은 모두 병사의 이목을 한곳으로 통일시키기
위해서 사용한다. 이것은 전술을 행함에 있어서 병사들에게 명
령을 전달하기 위한 수단이다.

【原文】

民旣專一 則勇者不得獨進 怯者不得獨退
민 기 전 일 즉 용 자 부 득 독 진 겁 자 부 득 독 퇴

此用衆之法也.
차 용 중 지 법 야

【 세상의 변화에 대처하는 지혜 】

병사들에게 신호를 전달하여 일치시키면 용감한 자는 독단으로 진격하지 않고 겁쟁이는 독단으로 퇴각하지 않는다. 이것은 많은 나라들이 전쟁에서 사용하는 지휘방법이다. 이것이 제대로 행해진다면 장군의 전략전술이 멀리 있는 병사들에게 까지 전달되어 적군을 물리치는데 용이하다. 그렇지 못하면 승리를 장담할 수가 없다.

【原文】

故夜戰多火鼓 晝戰多旌旗 所以變民之耳
고 야 전 다 화 고　주 전 다 정 기　소 이 변 민 지 이

目也.
목 야

【 세상의 변화에 대처하는 지혜 】

고로 북과 징과 깃발은 낮 전투에서 많이 애용되지만 야간 전투에서는 횃불과 북과 징을 다량으로 사용한다. 이것 역시 병사들의 이목을 일치시키기 위한 수단이다. 또한 적군의 귀와 눈을 현혹시키는 방법이기도 하다. 전투는 조용하게 치르지는 것이 아니라 비명과 고함소리가 천지를 진동하는데 함성이 크면 클수록 적에게 위압감을 줄 수가 있다.

【原文】

故三軍可奪氣, 將軍可奪心. 是故朝氣銳,
고 삼 군 가 탈 기 장 군 이 탈 심 시 고 조 기 예

晝氣惰, 暮氣歸.
주 기 타 모 기 귀

【 세상의 변화에 대처하는 지혜 】

고로 대규모 적병이라고 해도 그들의 기세를 탈취할 수가 있고 적장의 마음까지 탈취할 수가 있다. 이에 따라 적병의 사기는 아침에는 예리하고, 주간에는 힘이 약해지면서 게을러지고, 저녁에는 완전히 소멸되는 것이다. 즉 전쟁에 능한 장군이라면 적병의 시기를 잘 헤아려 공격의 시기를 정하는 것이 승리의 요건이 될 수 있다는 의미다.

【原文】

故善用兵者, 避其銳氣, 擊其惰歸, 此治氣
고 선 용 병 자　 피 기 예 기　 격 기 타 귀　 차 치 기

者也. 以治待亂, 以靜待譁, 此治心者也.
자 야　 이 치 대 란　 이 정 대 화　 차 치 심 자 야

【 세상의 변화에 대처하는 지혜 】

　고로 전쟁에 능수능란한 장군은 예리한 기세를 가진 적병을
피하고 타락하여 귀로만 생각하는 적을 공격해야 한다. 이것이
사기를 잘 다스리는 것이다. 또한 잘 정비된 군대로써 혼란한
군대를 대적하고 정숙한 군대로써 화급한 적병을 대적한다. 이
것은 심리전을 잘 활용하는 것이다. 현대전에서도 심리전은 매
우 중요한 부분을 차지하고 있다.

【原文】

以近待遠 以佚待勞, 以飽待飢, 此治力者也.
이 근 대 원   이 일 대 로 이 포 대 기   차 치 력 자 야

無邀正正之旗, 勿擊堂堂之陣, 此治變者也.
무 요 정 정 지 기   물 격 당 당 지 진   차 치 변 자 야

【 세상의 변화에 대처하는 지혜 】

전장에 가까운 곳에 주둔해 있다가 원거리에서 오는 군대를
대적하고, 편안하게 쉬고 있던 군대로써 피로한 적병을 대적한
다. 포식한 병사로써 기아에 허덕이는 적을 대적한다. 이것이
전투력을 다스리는 전법이다. 정렬된 깃발의 군대와는 싸우지
말 것이고, 군진의 기세가 당당한 곳을 공격하지 말 것이니, 이것
이 상황의 변화에 잘 대처하는 것이다.

【原文】

孫子曰, 凡用兵之法, 高陵勿向, 背丘勿逆,
손 자 왈   범 용 병 지 법   고 릉 물 향   배 구 물 역

佯北勿從, 銳卒勿攻,
양 배 물 종   예 졸 물 공

【 세상의 변화에 대처하는 지혜 】

　손자가 말하길, 군대를 운용하는 법(전투할 때 반드시 피해야
할 9가지 원칙을 손자가 구변으로 표현 한 것) 중에 1원칙 높은
고지에 진을 치고 있는 적을 향해 정면으로 공격하지 말 것이
며, 2원칙 언덕을 등진 적군을 공격하지 말 것이며, 3원칙 거짓
으로 패배한척 하여 도망가는 적을 추격하지 말 것이며, 4원칙
정예부대를 공격하지 말라.

【原文】

餌兵勿食, 歸師勿關, 圍師必闕, 窮寇勿迫,
이 병 물 식 귀 사 물 알 위 시 필 궐 궁 구 물

絶地勿留此.
박 절 지 물 류

【 세상의 변화에 대처하는 지혜 】

5원칙 적이 유인하는 미끼를 탐식하지 말 것이며, 6원칙 고향
으로 귀환하는 적을 막지 말 것이며, 7원칙 적을 포위할 때는
필히 도망갈 길을 열어줄 것이며, 8원칙 궁지에 몰린 적을 압박
하지 말 것이며(쥐도 궁지에 몰리면 돌아서서 고양이를 문다는
것과 같은 의미다), 9원칙 지세가 험한 곳에 머물지 말 것 등이
다.

《原文 孫子兵法》

제8권
九變篇

변화하는 상황을 정확히 판단하라.

【原文】

孫子曰, 凡用兵之法, 將受命於君, 合軍聚衆,
손 자 왈 범 용 병 지 법 장 군 명 어 군 합 군 취 중

備地無舍, 衢地合交, 絶地無留, 圍地則謀,
비 지 무 사 구 지 합 교 절 지 무 류 위 지 칙 모

死地則戰.
사 지 즉 전

【 세상의 변화에 대처하는 지혜 】

 손자가 말하길, 군대를 지휘하는 운용법은, 장군이 군주의 명령을 수락하고, 군대를 조합하기 위해 병사를 모집한다. 군대의 막사는 무너지지 않는 지형에 설치하고, 사방이 트인 곳에서 외교관계를 잘 맺어둔다. 황무지에서는 오래 유영하지 말고, 포위될만한 지형에서는 빠져나갈 책모를 세워둔다. 사지에서는 죽기 살기로 전투를 해야 한다.

【原文】

塗有所不由, 軍有所不擊, 城有所不攻,
도 유 소 불 유　군 유 소 불 격　성 유 소 불 공

地有所不爭, 君命有所不受.
지 유 소 부 쟁　군 명 유 소 불 수

【 세상의 변화에 대처하는 지혜 】

승리를 하기 위한 5가지 원칙이 있다. 1원칙 길이라도 가서는 안 되는 길이 있고, 2원칙 적군이지만 공격해서는 안 되는 군대가 있고, 3원칙 적의 성이지만 공격해서는 안 되는 성이 있고, 4원칙 적의 땅이지만 빼앗지 말아야 할 곳이 있고, 5원칙 군주의 명령일지라도 무조건 수락해서는 안 될 것 등을 말한다.

【原文】

故智者之慮, 必雜於利害. 雜於利而務可信
고 지 자 지 려   필 잡 어 리 해   잡 어 리 이 무 가 신

也, 雜於害而患可解也.
야   잡 어 해 이 환 가 해 야

【 세상의 변화에 대처하는 지혜 】

고로 지혜로운 사람은 여러 가지를 판단하거나 고려할 때 반
드시 이해관계를 적절히 혼합하여 운영해야 한다. 즉 이득을
미리 계산해두어야만 적에게 운용할 때 적의 어떤 임무이든 신
뢰하게 만들고, 손해 역시 미리 계산해두어야 피해를 적에게
적용할 때 아군의 우환을 해결할 수가 있다. 정확한 실리가 중
요하다는 의미다.

【原文】

是故屈諸侯者以害, 役諸侯者以業, 趨諸侯
시 고 굴 제 후 자 이 해   역 제 후 자 이 업   추 제 후

者以利
자 이 리

【 세상의 변화에 대처하는 지혜 】

 고로 큰 위해를 이용하여 제후를 굴복시킬 수 있고(이것은 독일의 히틀러가 오스트리아를 무혈로 입성할 때 사용한 전법이다), 업을 이용하여 제후를 노역시킬 수 있고, 이익을 이용하여 제후를 유인할 수가 있다. 군사적인 측면이나 재정의 규모 등 모든 측면에서 다스리는 제후국들보다 한수 위에 있어야만 안정적으로 휘어잡을 수가 있다.

【原文】

故用兵之法, 無恃其不來, 恃吾有以待也.
고 용 병 자 법　무 시 기 불 래　시 오 유 이 대 야

無恃其不攻, 恃吾有所不可攻也.
무 시 기 불 공　시 오 유 소 불 가 공 야

【 세상의 변화에 대처하는 지혜 】

　고로 군대의 운용원칙은 적이 왕래하지 않는다는 것을 기대하지 말고, 어떤 경우에 처해 있어도 적과 대적할 수 있다는 나의 힘을 키워야 하며, 적이 공격하지 않기를 기대하지 말고, 어떤 적도 공격할 수 없을 정도로 나를 방어태세를 믿어야 한다. 평상시부터 전쟁을 대비해 모든 준비를 마련해놓아야 한다는 의미다.

【原文】

故將有五危. 必死可殺也, 必生可虜也,
고 장 유 오 위　필 사 가 살 야　필 생 가 로 야

忿速可侮也, 廉潔可辱也, 愛民可煩也.
분 속 가 모 야　염 결 가 욕 야　애 민 가 번 야

【 세상의 변화에 대처하는 지혜 】

고로 장군에게는 다섯의 위기가 있다. 첫째 필히 죽기만을 생각하고 싸운다면 살게 될 것이고, 둘째 필히 살기만을 생각하고 싸운다면 포로가 될 것이고, 셋째 분노와 빠른 속도만을 생각한다면 수모를 당할 것이고, 넷째 청렴과 결백함만을 생각한다면 치욕을 당할 것이고, 다섯째 병사를 너무 아끼는 장군은 그것으로 인해 번민에 빠지게 될 것이다.

【原文】

凡此五者, 將之過也, 用兵之災也.
범 차 오 자   장 지 과 야   용 병 지 재 야

覆軍殺將, 必以五危, 不可不察也.
복 군 살 장   필 이 오 위   불 가 불 찰 야

【 세상의 변화에 대처하는 지혜 】

이러한 다섯 가지 위기는 장군이 빠지기 쉬운 과오이며, 군사를 다룸에 있어서 재앙이 된다. 전쟁에서 군대를 패배하게 만들고 장군이 죽는 것은, 필히 이런 다섯 가지의 위험 때문에 발생하는 것으로 세심한 관찰이 필요하다. 즉 전쟁에서 장군의 전략전술은 곧바로 나라의 존망까지 이어지기 때문에 신중해야 한다는 의미다.

《原文 孫子兵法》

제9권
行軍篇

적을 움직이는 법, 내가 움직이는 법
군대를 기동할때는 지형을 이용하라.

【原文】

孫子曰, 凡處軍相敵, 絶山依谷, 視生處高,
손 자 왈   범 처 군 상 적   절 산 의 곡   시 생 처 고

戰隆無登, 此處山之軍也.
전 륭 무 등   차 처 산 지 군 야

【 세상의 변화에 대처하는 지혜 】

손자가 말하길, 적을 정찰하는 방법을 다음과 같다. 아군이 적이 처해있는 상황을 살필 때는 계곡에 의탁하여 이동하고, 사망이 트인 고지대를 필히 점검해야 한다. 만약 적이 높은 곳에 주둔하고 있으면 싸우지 말라. 이것이 아군이 산악전에서 반드시 필요한 원칙과 방법이다. 즉 산악전은 세심한 정찰로 얻은 결론을 전술에 반영해야 된다.

【原文】

絶水必遠水, 客絶水而來, 勿迎之於水內,
절 수 필 원 수   객 절 수 이 래   물 영 지 어 수 내

令半濟而擊之, 利.
영 반 제 이 격 지   리

【 세상의 변화에 대처하는 지혜 】

　행군 중 강을 건너고 나서는 필히 강과의 거리를 멀리하여 진을 쳐야한다. 만약 적변이 강을 건너온다면 물속에서 접전하여 싸우지 말라. 이렇게 전투를 벌이면 적군도 피해를 입지만 아군 역시 피해가 심각하다. 따라서 이것을 피하기 위해서는 적병이 강을 반쯤 건너왔을 때 공격하는 것이 훨씬 이익을 얻을 수가 있다.

【原文】

欲戰者, 無附於水而迎客, 視生處高,
욕 전 자　무 부 어 수 이 영 객　시 생 처 고

無迎水流, 此處水上之軍也.
무 영 수 류　차 처 수 상 지 군 야

【 세상의 변화에 대처하는 지혜 】

적과의 전투를 하고 싶다는 욕심이 생기면 강물 가까운 곳에서 적병을 맞이하여 다투지 말라. 또한 적의 동태를 정확하게 판단하기 위해서는 시야가 사방으로 확보된 높은 지대에 진을 치는 것이 유리하다. 그리고 강의 하류에서 상류에 있는 적을 향해 전투를 벌이지 말라. 이것은 강물의 유속이 빠르기 때문에 백전백패하는 전법이기 때문이다.

【原文】

絶斥澤, 惟?去無留, 若交軍於斥澤之中,
절 척 택   유 극 거 무 류   약 교 군 어 척 택 지 중

必依水草, 而背衆樹, 此處斥澤之軍也.
필 의 수 초   이 배 중 수   차 처 척 택 지 군 야

【 세상의 변화에 대처하는 지혜 】

 원천적으로 땅이 척박하고 염분이 많은 택지에서는 신속하게 이동하는 것이 좋으며, 가능한 한 오랫동안 잔류하지 말아야 한다. 만약 이러한 척박한 택지에서 적과 교전할 때는 필히 수초를 찾아 은폐하고 숲을 등지고 싸워야만 승산이 있다. 이것이 늪지와 같은 척박한 택지에서 사용할 수 있는 군대의 운용법인 것이다.

【原文】

平陸處易, 而右背高, 前死後生, 此處平陸之
평 륙 쳐 이 이 우 배 고   전 사 후 생 차 쳐 평 륙 지

軍也. 凡此四軍之利, 黃帝之所以勝四帝也.
군 야 범 차 사 군 지 리 황 제 지 소 이 승 사 제 야

【 세상의 변화에 대처하는 지혜 】

평탄한 육지에 진을 칠 때 우수한 부대는 항상 고지대를 등지
고 주둔한다. 또한 전방이 낮아야 하고 후방이 높은 곳에 자리
잡는다. 이것이 평평한 육지에서 군대가 거처하는 주둔 방법인
것이다. 이러한 4가지의 군대 운용법은 옛날 황제가 사방의 제
후들에게 승리를 거둔 방법이다. 비록 옛것이지만 좋은 운용법
을 사용하는 것도 좋다.

【原文】

凡軍好高而惡下, 貴陽而賤陰, 養生而處實,
범 군 호 고 이 오 하   귀 양 이 천 음   양 생 이 처 실

軍無百疾, 是謂必勝,
군 무 백 질   시 위 필 승

【 세상의 변화에 대처하는 지혜 】

 군대가 주둔할 때는 고지대가 훨씬 유리하며 항상 지대가 낮은 곳은 피하는 것이 좋다. 또한 양지를 귀중하게 생각하여 주둔하고 음지는 비천하기 때문에 피해야 한다. 더구나 양식이 풍부하게 생기는 곳에 거처할 것이며, 견실한 곳에 병사를 거처하게 해야 한다. 이렇게 하면 군대에 질병이 없어지고 필히 승리하게 된다.

【原文】

丘陵堤防, 必處其陽, 而右背之. 此兵之利,
구 릉 제 방   필 처 기 양   이 우 배 지   차 병 지 리

地之助也. 上雨, 水沫至, 欲涉者, 待其定也.
지 지 조 야   상 우   수 말 지   욕 섭 자   대 기 정 야

【 세상의 변화에 대처하는 지혜 】

 구릉이나 제방의 지형일 때는 필히 양지쪽을 택해 거처하고,
우수한 부대는 이런 곳을 등에 지고 주둔하면 전투에서 유리하
다. 이것은 전술로써 군대에게 유리하며 지형의 조력을 얻는
방법 중의 하나이다. 상류에 비가 내려 물거품이 내려올 때 강
을 건너고자 할 때는 강물이 안정될 때까지 기다려야만 한다.

【原文】

凡地有絶澗, 天井, 天牢, 天羅, 天陷, 天隙,
범지유절간　천정　천뢰　천라　천함　천극

必極去之, 勿近也; 吾遠之, 敵近之, 吾迎之
필극거지　물근야　오원지　적근지　오영지

敵背之.
적배지

【 세상의 변화에 대처하는 지혜 】

지형의 종류에는 절단된 계곡, 우물처럼 파인 곳, 뇌옥처럼 막힌 곳, 그물처럼 잡히는 곳, 함정 같은 곳, 틈이 벌어진 곳이 있다. 이런 지형에선 재빨리 지나가야 하고, 근처에도 가지 않는 것이 좋다. 아군은 그런 곳을 멀리하는 대신에, 적을 그곳으로 유인한다. 아군은 그런 곳과 마주보며 적군에겐 그곳을 등지게 만든다.

【原文】

軍旁有險阻, 潢井, 蒹葭, 林木, 翳薈者,
군 방 유 험 조   황 정   겸 가   임 목   예 회 자

必謹復索之, 此伏姦之所也.
필 근 복 색 지   차 복 간 지 소 야

【 세상의 변화에 대처하는 지혜 】

군대가 주둔하거나 이동할 때는 주변에 있는 험한 산이나 숲, 웅덩이나 갈대숲, 산림이나 초지 등 어둡고 무성한 곳이면 반드시 반복해서 수색해야만 한다. 이러한 곳에는 항상 적의 매복이 가능한 장소이기 때문이다. 대군이 이동할 때 적의 매복 공격을 받으면 병사들의 사기가 떨어져 정작 큰 전투에서 좋지 않은 영향이 있기 때문이다.

【原文】

敵近而靜者, 恃其險也. 遠而挑戰者,
적 근 이 정 자   시 기 험 야   원 이 도 전 자

欲人之進也. 其所居易者, 利也.
욕 인 자 진 야   기 소 거 이 자   이 야

【 세상의 변화에 대처하는 지혜 】

 아군이 적에게 접근해도 움직이지 않고 정숙하게 있는 것은
적들이 지형의 험난함을 믿고 있는 것이다. 적의 주력부대가
원거리에 있는데도 불구하고 소규모 부대로 도전을 하는 것은
아군의 진격을 유도하려는 것이다. 적이 높은 곳에 주둔하지
않고 평평한 장소에 있는 것은 얻을 수 있는 이득이 있기 때문
이다.

【原文】

衆樹動者, 來也. 衆草多障者, 疑也.
중 수 동 자   래 야   중 초 다 장 자   의 야

鳥起者, 伏也. 獸駭者, 覆也.
조 기 자   복 야   수 해 자   복 야

【 세상의 변화에 대처하는 지혜 】

한 점의 바람도 불지 않은 상황에서 나무들이 움직이는 것은
적이 오고 있다는 신호다. 또한 많은 풀들로 장애물을 만들어
놓은 것은 의심을 불러일으킬 만하다. 조용한 숲속에서 새들이
갑자기 날아오르는 것은 적이 매복해 있다는 것이고, 그리고
짐승들이 놀라서 이리저리 움직이는 것은 적이 수색을 하고 있
다는 증거다.

【原文】

塵高而銳者 車來也. 卑而廣者, 徒來也.
진 고 이 예 자   거 래 야   비 이 광 자   도 래 야

散而條達者, 樵采也. 少而往來者, 營軍也.
산 이 조 달 자   초 채 야   소 이 왕 래 자   영 군 야

【 세상의 변화에 대처하는 지혜 】

먼지 같은 분진이 갑자기 자욱하게 일어나면 전차가 오고 있다는 것이고, 먼지가 사방으로 낮고 넓게 퍼지는 것은 보병이 오고 있다는 증거다. 또한 먼지가 흩어지면서 피어오르는 모양은 적들이 나무를 채집하는 것이다. 먼지가 소규모로 이리저리 발생하는 모양은 적들이 진지를 구축하고 있다는 증거다.

【原文】

辭卑而益備者, 進也. 辭詭而强進驅者,
사 비 이 익 비 자　진 야　사 궤 이 강 진 구 자

退也. 輕車先出其側者, 陣也.
퇴 야　경 가 선 출 기 측 자　진 야

【 세상의 변화에 대처하는 지혜 】

  적군이 낮은 자세로 준비하는 것은 진격하려는 계획이다. 적
군들의 언행이 점점 강하게 들리면서 진격하려는 것처럼 보이
는 것은 곧 후퇴하려는 계획이다. 경전차가 먼저 나와 양쪽에
배치되어 있는 모양새는 진지를 구축하려는 계획이다. 즉 이런
사소한 적군의 동태를 유심히 살펴 분석하는 장군은 전쟁에 능
통한 사람이라는 의미다.

【原文】

無約而請和者, 謀也. 奔走而陳兵車者,
무 약 이 청 화 자 모 야 분 주 이 진 병 거 자

期也. 半進半退者, 誘也.
기 야 반 진 반 퇴 자 유 야

【 세상의 변화에 대처하는 지혜 】

 지금까지 아무런 약속도 없던 적군 측에서 갑자기 화친을 요청해오는 것은 분명한 음모가 있다는 증거이기 때문에 신중하게 대처해야 한다. 적군의 장수들이 분주하게 돌아다니며 전차의 진형을 만드는 것은 공격 시기를 기다리는 것이요, 반 정도 진격했다가 반 정도 후퇴하는 것은 아군을 유인하려는 계책인 것이다.

【原文】

仗而立者, 飢也. 汲而先飲者, 渴也. 見利而
장 이 립 자 기 야   급 이 선 음 자   갈 야   견 리 이

不進者, 勞也. 鳥集者, 虛也. 夜呼者, 恐也.
부 진 자 노 야   조 집 자   허 야   야 호 자   공 야.

【 세상의 변화에 대처하는 지혜 】

적이 지팡이에 의지해서 일어나는 것은 기아에 허덕이는 것이고, 급하게 물을 길어 마시려는 것은 갈증이 심한 것이다. 이득을 발견하고도 진격하지 않는 것은 피로에 지쳐 있다는 것이고, 적진 위에 새가 집합하는 것은 성채에 적이 없다는 것이며, 야밤에 큰소리를 내는 것은 공포에 떨고 있다는 것이다.

【原文】

軍擾者, 將不重也. 旌旗動者, 亂也.
군 요 자 장 부 중 야   정 기 동 자 난 야

吏怒者, 倦也. 殺馬肉食者, 軍無糧也.
이 노 자 권 야   살 마 육 식 자   군 무 양 야

【 세상의 변화에 대처하는 지혜 】

군영에서 병사들의 시끄런 소요가 발생하는 것은 장군의 위엄이 그만큼 없다는 것이고, 군영의 깃발이 어지럽게 움직이는 것은 병영이 혼란스럽다는 것이다. 장교들이 큰 소리로 분노하는 것은 병사들이 권태로워 게을러져 있다는 것이다. 말을 살해하여 육식으로 사용하는 것은 군대에 군량미가 없다는 것이다.

【原文】

懸敷不返其舍者, 窮寇也. 諄諄翕翕, 徐與人
현 부 불 반 기 사 자 궁 구 야 순 순 흡 흡 서 여 인

言者, 失衆也.
언 자 실 중 야

【 세상의 변화에 대처하는 지혜 】

취사도구를 바깥에 걸어놓은 채 막사로 다시 돌아가지 않는 것은 궁지에 몰린 적군이 결사항전을 펼치려고 하는 계획이다. 장군이 낮은 목소리로 병사들을 천천히 타이르는 것은 그만큼 병사들에게 인심을 잃었다는 증거다. 즉 장군은 천하를 호령하는 목소리와 선이 굵은 행동과 위엄을 갖춰야 군사들을 리드할 수가 있다는 의미다.

【原文】

數賞者, 窘也 數罰者, 困也. 先暴而後畏其
삭 상 자   군 야   삭 벌 자   곤 야   선 포 이 후 외 기

衆者, 不精之至也. 來委謝者, 欲休息也.
중 자   주 정 지 지 야   내 위 사 자   욕 휴 식 야

【 세상의 변화에 대처하는 지혜 】

 병사들에게 자주 상을 내린다는 것은 지휘가 군색하기 때문이
다. 이와 반대로 자주 벌을 준다는 것은 통솔력이 부족하기 때
문이다. 또한 장수가 먼저 부하들을 향해 포악할 정도로 화를
내고, 이후에 병사들을 두려워하는 것은 그 자신이 무능함을
보여주는 것이다. 사신을 보내어 고개 숙이고 사죄하는 것은
휴식을 취하고자 함이다.

【原文】

兵怒而相迎, 久而不合, 又不相去, 必謹察之.
병 노 이 상 영 구 이 불 합 우 불 상 거 필 근 찰 지

兵非益多也, 惟無武進, 足以併力料敵,
병 비 익 다 야 유 무 무 진 족 이 병 력 료 적

取人而已. 夫惟無慮而易敵者, 必擒於人.
취 인 이 이 부 유 무 려 이 이 적 자 필 금 어 인

【 세상의 변화에 대처하는 지혜 】

 적군의 진영과 대치하던 중 오랜 시간이 지나도 적이 싸움을 하지 않는 것과, 또 물러나지 않을 때에는 필히 세심하게 적의 근황을 살펴야 한다. 군대란 병력이 많다고 이익이 있는 것은 아니다. 오직 무력만 믿고 진격해서도 안 되며, 만족스러울 정도의 힘을 모아 적을 요리할 준비를 하고, 인재를 취득하여 임무를 맡기면 된다. 적에 대한 아무런 대책도 없이 적을 쉽게 얕잡아보는 자는, 필히 사로잡히고 말 것이다.

【原文】

卒未親附而罰之, 則不服, 不服則難用也.
졸 미 친 부 이 벌 지   즉 불 복   불 복 즉 난 용 야

卒已親附而罰不行, 則不可用也.
졸 이 친 부 이 벌 불 행   즉 줄 까 용 야

【 세상의 변화에 대처하는 지혜 】

 병사들이 아직 장군과 친해지지 않은 상태에서 장군이 병사에게 벌을 주면 속으로는 불복할 것이다. 즉 병사들이 복종하지 않으면 군대를 움직이기가 매우 곤란해진다.(지휘통솔이 어렵다는 의미) 이와 반대로 병졸이 이미 장군과 친해졌는데도 불구하고 마땅한 벌을 행하지 않으면, 이 또한 위계질서(장군에 대한 두려움이 없다는 의미)가 어지럽다.

【原文】

故令之以文, 齊之以武, 是謂必取, 令素行
고 령 지 이 문   제 지 이 무   시 위 필 취   영 소 행

以敎其民, 則民服, 令不素行以敎其民,
이 교 기 민   즉 민 복   영 불 소 행 이 교 기 민

則民不服. 令素行者, 與衆相得也.
즉 민 불 복   영 소 행 자   여 중 상 득 야

【 세상의 변화에 대처하는 지혜 】

고로 명령은 부드러운 말로 하고, 통제는 무력으로 할 때, 필히 승리를 취하게 된다. 명령이 평소에 잘 교육되어 병졸이 잘 지키면 병사들이 복종할 것이다. 명령이 평소에 잘 교육되지 않아 병졸이 지키지 않으면 병사들이 불복종할 것이다. 명령이 평소에 잘 지켜지면 장군과 병사들이 서로 이들을 얻을 것이다.

《原文 孫子兵法》

제10권
地形篇

지형에 따라 전술을 바꿔라.

【原文】

孫子曰. 地形有通者, 有卦者, 有支者, 有隘者,
손자왈　지형유통자　유괘자　유지자　유애자

有險者, 有遠者, 我可以往, 彼可以來, 曰通.
유험자　유원자　아가이왕　피가이래　왈통

通形者, 先居高陽, 利糧道, 以戰則利,
통형자　선거고양　이량도　이전즉리

【 세상의 변화에 대처하는 지혜 】

　손자가 말하길, 지형에는 유통자, 유괘자, 유지자, 유애자, 유험자, 유원자 등 6가지가 있다. 아군과 적군이 모두 왕래할 수 있는 곳이 바로 통형이다. 통형에선 태양이 비춰지는 고지대를 선점해서 주둔하고, 군량미의 보급로를 잘 이용하면 전쟁에서 유리함을 얻는다. 즉 주어진 지형을 잘 활용하면 전쟁에서 모든 것이 유리해진다는 의미다.

【原文】

可以往, 難以返, 曰괘 卦形者, 敵無備, 出
가 이 왕 난 이 반 왈괘 괘 형 자 적 무 비 출

而勝之, 敵若有備, 出而不勝, 難以返, 不利
이 승 지 적 약 유 비 출 이 불 승 난 이 반 불 리

【 세상의 변화에 대처하는 지혜 】

 앞으로의 전진은 쉽지만, 이와 반대로 후퇴하기에는 매우 곤
란한 지형이 바로 괘형이다. 괘형에서는 적의 방비가 허술할
때 출진하면 반드시 승리할 수가 있지만, 만약 적이 방비를 강
하게 할 때면 출진하여도 승리를 장담할 수가 없다. 더더구나
이 재형에서는 후퇴가 곤란하여 군사를 부리기가 몹시 불리한
지형이다.

【原文】

我出而不利, 彼出而不利, 曰支. 支形者,
아 출 이 불리 피 출 이 불 라 왈 지 지 형 자

敵雖利我, 我無出也, 引而去之,
적 수 리 아 아 무 출 야 인 이 거 지

令敵半出而擊之, 利.
영 적 반 출 이 격 지 이

【 세상의 변화에 대처하는 지혜 】

이런 지형에서는 아군이 출진해도 매우 불리하고, 적군이 출진해도 불리한 곳이다. 만약 이런 지형에서 적군이 이익을 내세워 아군을 유인하더라도 출격해서는 안 된다. 이런 지형에서 아군이 전세를 유리하게 이끌어가기 위해서는 일단 후퇴했다가, 적이 아군의 뒤를 쫓아 반쯤 들어왔을 때 반격하면 이득을 얻을 수 있다.

【原文】

陰形者, 我先居之, 必盈之以待敵. 若敵先
애 형 자   아 선 거 지   필 영 지 이 대 적   약 적 선 거

居之, 盈而勿從, 不盈而從之.
지   영 이 물 종   불 영 이 종 지

【 세상의 변화에 대처하는 지혜 】

 길이 좁은 애형에서는 아군이 먼저 선점하여 주둔하게 되면,
필히 아군을 배치하여 짜임새 있는 방어태세를 갖춘 후 적의
공격을 기다려야 한다. 만약 적이 먼저 이곳을 선점한 후에 적
병이 배치되어 있다면 이를 쫓지 말고, 적병이 없고 방어가 허
술하다면 공격하여 패배를 시킨다. 이것이 지형에 알맞은 전술
전략인 것이다.

【原文】

險形者, 我先居之, 必居高陽以待敵,
험 형 자 아 선 거 지 필 거 고 양 이 대 적

若敵先居之, 引而去之, 勿從也.
약 적 선 거 지 인 이 거 지 물 종 야

【 세상의 변화에 대처하는 지혜 】

험형은 시루 둘을 포갠 듯 한 형태의 몹시 험난한 산으로 아군
이 이곳을 먼저 선점한다면, 반드시 태양이 따뜻하게 비춰지는
고지대에 주둔하여 적군을 기다리면 된다. 이와 반대로 이곳을
적군이 먼저 선점하여 주둔한 후 방어태세를 갖추고 있다면,
아군은 공격을 포기하고 군대를 후퇴시키기는 것이 유리하다.

【原文】

遠形者, 勢均, 難以挑戰, 戰而不利. 凡此六
원 형 자　세 균　난 이 도 전　전 이 불 리　범 차 육

者, 地之道也, 將之至任, 不可不察也.
자　지 지 도 야　장 지 지 임　불 가 불 찰 야

【 세상의 변화에 대처하는 지혜 】

 원형이란 아군과 적군이 멀리 떨어져 있는 것을 말한다. 아군과 적군이 멀리 떨어져 있기 때문에 서로가 원하는 이득이 대등하다. 따라서 먼 곳까지 진격하여 도전을 한다는 것은 곤란하며, 또한 직접적으로 전쟁을 한다는 것도 불리하다. 이런 여섯 가지 원칙이 지형을 이용하는 길이다. 이때 장군의 임무가 중대해 세심한 관찰이 필요하다.

【原文】

故兵有走者, 有弛者, 有陷者, 有崩者, 有亂
고 병 유 주 자　유 이 자　유 함 자　유 붕 자　유 난

者, 有北者. 凡此六者, 非天之災, 將之過也.
자　유 배 자　범 차 육 자　비 천 지 재　장 지 과 야

【 세상의 변화에 대처하는 지혜 】

　고로 장군이 군대를 운용하다보면 군을 이탈하여 도주하는 병
사, 기강이 몹시 해이한 병사, 어리석게도 함정에 잘 빠지는 병
사, 인내심 없이 스스로 무너지는 병사, 정숙하지 못하고 혼란
에 잘 빠지는 병사, 항상 패배만 하는 병사 등 다양한 병사들을
볼 것이다. 이러한 여섯 가지는 하늘이 주는 재앙이 아니라, 장
군의 과실로 발생하는 것이다.

【原文】

夫勢均, 以一擊十, 曰走. 卒强吏弱, 曰弛.
부세균 이일격십 왈주 졸강리약 왈이

吏强卒弱, 曰陷.
이강졸약 왈함

【 세상의 변화에 대처하는 지혜 】

 아군과 적군 모두가 지형의 주는 이점을 보면 피차간 서로 비슷하다. 이런 와중에서 하나의 힘으로 열을 공격하게 되면 싸우기도 전에 병사들은 모두 도주할 것이다. 또한 병사들은 강하지만 장교들이 약하면 군대의 기강은 무너지고 만다. 이와 반대로 장교들이 강하고 병사들이 약하면 군대는 함정에 빠지기 쉽다.

【原文】

大吏怒而不服, 遇敵대而自戰, 將不知其能,
대 리 노 이 불 복   우 적 대 이 자 전   장 부 지 기 능

曰崩. 將弱不嚴, 敎道不明, 吏卒無常
왈 붕   장 약 불 엄   교 도 불 명   이 졸 무 상

陳兵縱橫, 曰亂.
진 병 종 횡   왈 란

【 세상의 변화에 대처하는 지혜 】

장교가 분노를 참지 못해 대장군에게 불복한다면 적병과 만나
대적할 때 마음대로 전투를 하게 된다. 이에 따라 대장군은 그
장교의 능력을 알지 못해 능력 없는 자를 임명하게 되면서 군
대는 붕괴된다. 장군이 나약하고 규율에 엄격하지 않으면 교육
과 훈련이 안 된다. 장교와 병졸의 기상이 없으면 종횡무진 제
멋대로이니 군대가 혼란하게 된다.

【原文】

將不能料敵 以少合衆, 以弱擊强 兵無選鋒,
장 불 능 료 적　이 소 합 중　이 약 격 강　병 무 선 봉

曰北. 凡此六者, 敗之道也, 將之至任,
왈 배　범 차 육 자　패 지 도 야　장 지 지 임

不可不察也.
불 가 불 찰 야

【 세상의 변화에 대처하는 지혜 】

전투에서 장군이 적을 쉽게 요리하지 못한다면, 소규모의 아
군으로 대규모의 적병과 싸우게 된다. 나약한 군대로 강한 적
을 공격하게 되고 정예병을 선별하여 운용하지 못하게 되어 패
배하게 된다. 이 여섯 가지 유형에 해당하는 군대는 패배하는
길이기 때문에 장군의 임무는 이러한 것을 세심히 관찰할 필요
가 있다.

【原文】

夫地形者 兵之助也. 料敵制勝 計險緩遠近,
부 지 형 자   병 지 조 야   요 적 제 승   계 험 액 원 근

上將之道也. 知此而用戰者必勝.
상 장 지 도 야   지 차 이 용 전 자 필 승

不知此而用戰者必敗
부 지 차 이 용 전 자 필 패

【 세상의 변화에 대처하는 지혜 】

 대저 지형이란 상장군의 용병술을 보조해 주는 것이다. 적의 상황을 잘 통제하여 승리를 하고 지형의 험난함과 위험, 멀고 가까움을 계산하는 것이 상장군이 해야 할 일이다. 이것을 잘 이용하여 전쟁을 하는 상장군은 필히 승리거둘 수가 있다. 이 것을 잘 이용하지 못하고 전쟁을 하는 상장군은 필히 패배한 다.

【原文】

故戰道必勝, 主曰無戰, 必戰可也. 戰道不
고 전 도 필 승 주 왈 무 전 필 전 가 야 전 도 불

勝, 主曰必戰, 無戰可也.
승 주 왈 필 전 무 전 가 야

【 세상의 변화에 대처하는 지혜 】

 싸움의 원칙에 따라 전쟁에서 필히 승리할 수 있다는 판단을
내린다면, 군주가 전투를 하지 말라는 적극적인 명령이 있더라
도 반드시 전투를 해야만 하고, 싸움의 원칙에 따라 전쟁에서
승리하지 못할 것이라고 판단된다면 군주가 필히 전투를 하라
는 적극적인 명령이 있더라도 전투에 임하지 않는 것이 좋다.

【原文】

故進不求名 退不避罪, 惟人是保, 而利合
고 진 불 구 명 퇴 불 피 죄 유 인 시 보   이 리 합

於主, 國之寶也.
어 주 국 지 보 야

【 세상의 변화에 대처하는 지혜 】

 고로 장군이 적진으로 진격함에 있어서 자신의 명예를 위하는 것이 아니고, 군사들을 후퇴시킬 때도 자신의 죄를 회피하려는 것이 아니다. 장군의 이러한 행동은 오직 백성과 병사들을 보호하고 군주의 이익에 부합되는 일에 힘쓰기 때문에 국가의 보배가 아닐 수가 없다. 여기서 의미하는 전도(戰道)는 전쟁의 법칙이나 전쟁의 원리를 의미한다.

【原文】

視卒如영兒, 故可與之赴深溪. 視卒如愛
시 졸 여 영 아　고 가 여 지 부 심 계　시 졸 여 애

子, 故可與之俱死,
자　고 가 여 지 구 사

【 게상의 변화에 대처하는 지혜 】

장군이 자신의 수하병사를 마치 어린아이를 돌보듯 하면, 병사들은 장군을 위해 아무리 험난하고 깊은 골짜기 속이라도 스스로 뛰어 들어갈 수 있는 충성심을 보일 것이다. 또한 장군이 자신의 수하병사를 마치 사랑하는 친자식처럼 생각한다면, 병사들은 한결같이 죽음을 무릅쓰고 적진을 향해 용감하게 전진한다.

【原文】

厚而不能使, 愛而不能令, 亂而不能治,
후 이 불 능 사　애 애 불 능 령　난 이 불 능 치

譬如驕子, 不可用也.
비 여 교 자　불 가 용 야

【 세상의 변화에 대처하는 지혜 】

무릇 장군이 자신의 수하병사들에게 너무 후덕하게만 대우한다면 막상 노역이 필요할 때 노역을 시킬 수가 없고, 또한 병사들을 사랑하기만 해서는 정작 필요할 때 명령을 내릴 수가 없다. 더구나 병사들에게 혼란이 발생하더라도 통치하기가 불가능해진다. 이렇게 된다면 병사가 교만해져 아무 곳에서도 쓸모가 없는 군대가 된다.

【原文】

知吾卒之可以擊, 而不知敵之不可擊,
지 오 졸 지 가 이 격   이 부 지 적 지 불 가 격

勝之半也. 知敵之可擊, 而不知吾卒之不可
승 지 반 야   지 적 지 가 격   이 부 지 오 졸 지 부 가

以擊, 勝之半也.
이 격   승 지 반 야

【 세상의 변화에 대처하는 지혜 】

아군은 자신들의 능력으로 적을 공격할 수 있다는 것만 알고, 적이 아군의 공격을 대비해 만반의 준비를 해두었다는 것을 모르고 있다면 승리의 확률은 반이다. 또한 아군은 적의 허점을 발견하여 공격할 때를 알고는 있지만, 아군의 군비능력이 부족하여 공격하기에 불가능하다는 것을 스스로 모른다면 승리할 수 있는 확률은 반이다.

【原文】

知敵之可擊, 知吾卒之可以擊, 而不知地形
지 적 지 가 격   지 오 졸 지 가 이 격   이 부 지 지 형

之不可以戰, 勝之半也.
지 불 가 이 전   승 지 반 야

【 세상의 변화에 대처하는 지혜 】

적에게 허점이 있어 아군이 이곳을 공격할 수 있다는 것을 스스로 알고 있지만, 또한 아군의 전쟁능력만으로도 적을 충분히 공격하여 승리할 수 있다는 것을 스스로 잘 알고 있지만, 막상 적진의 지형을 살펴볼 때 도저히 싸울 수 없다는 것을 스스로 알지 못한다면 승리의 확률은 50대 50이다. 그만큼 지형이 중요하다는 의미다.

【原文】

故知兵者, 動而不迷, 擧而不窮. 故曰. 知己
고 지 병 자　동 이 불 미　거 이 불 궁　고 왈　지 기

知彼, 勝乃不殆. 知地知天 勝乃可全.
지 피　승 내 불 태　지 지 지 천　승 내 가 전

【 세상의 변화에 대처하는 지혜 】

 이처럼 아군과 적군의 전쟁능력이나 지형의 장점까지 훤하게 꿰뚫고 있는 병법 전문가라면 군대를 이동시킬 때도 미혹에 빠지지 않고, 거병할 때도 궁색해지지 않는다. 그러므로 나를 알고 적을 알면 위태롭지 않게 승리할 수 있다. 이러한 6가지 지형을 적절히 이용하고, 기상조건을 알면 완전한 승리를 거머쥘 수 있다.

제11권
九地篇

지형을 이용하라.

【原文】

孫子曰. 用兵之法, 有散地, 有輕地,
손 자 왈 용 병 지 법 유 산 지 유 경 지

有爭地, 有交地, 有衢地, 有重地, 有?地,
유 쟁 지 유 교 지 유 구 지 유 중 지 유 비 지

有圍地, 有死地.
유 위 지 유 사 지

【 세상의 변화에 대처하는 지혜 】

손자가 말하길, 군사를 움직이는 다양한 전략전술 중에 전쟁을 하게 될 지형을 분류하면 다음과 같다. 산지, 경지, 쟁지, 교지, 구지, 중지, 비지, 위지, 사지 등이다. 散(산)은 흩뜨리다, 경(輕)을 가볍다, 쟁(爭)은 다투다, 교(交)는 사귀다, 구(衢)는 네거리, 중(重)을 무겁다, 地, 비(?)는 무너지다, 위(圍)는 두르다 등의 뜻을 가지고 있다.

【原文】

諸侯自戰其地, 爲散地, 入人之地不深者.
제 후 자 전 기 지　위 산 지　입 인 지 지 부 심 자

爲輕地, 我得則利, 彼得亦利者, 爲爭地.
위 경 지　아 득 칙 리　피 득 역 리 자　위 쟁 지

【 세상의 변화에 대처하는 지혜 】

첫째 제후가 자기의 땅에서 적군과 싸울 경우를 산지라고 한다. 둘째 적의 영토를 공격했지만 깊이 들어가지 않은 경우를 경지라고 한다. 셋째 아군이 점령하면 아군에게 이득이 있고, 적군이 점령하면 적군에게 이득이 있는 경우를 쟁지라고 한다. 즉 쟁지는 전략상 매우 중요한 요충지이기 때문에 필사적으로 싸움을 하는 것이다.

【原文】

我可以往, 彼可以來者. 爲交地, 諸侯之地
아 가 이 왕   파 가 이 래 자   위 교 지   제 후 지 지

三屬, 先至而得天下衆者, 爲衢地.
삼 속   선 지 이 득 천 하 중 자   위 구 지

【 게상의 변화에 대처하는 지혜 】

넷째 아군과 전군의 왕래가 자유로운 곳을 교지라고 한다. 만약 이런 곳을 점령한다면 무엇보다 수비를 튼튼하게 경고하게 만들어야 한다. 다섯째 아국과 적국과 제3국의 국경에 연접하여 있는 곳으로서 이곳을 점령하면 천하의 백성을 얻는다는 지역을 구지라고 한다. 여기서 구(衢)는 네거리, 다시 말해 교통의 요충지를 말하는 것이다.

【原文】

入人之地深, 背城邑多者. 爲重地, 行山林
입 인 지 지 심   배 성 읍 다 자   위 중 지   행 산 림

險阻沮澤, 凡難行之道者, 爲圮地.
험 조 저 택   범 난 행 지 도 자   위 비 지

【 세상의 변화에 대처하는 지혜 】

 여섯째 적국의 땅에 깊숙이 쳐들어가, 점령한 적의 많은 성읍
들이 아군의 등 뒤에 있는 지역을 중지라고 한다. 이 지형은 쉽
게 들어갔지만 되돌아 나올 수가 없기 때문에 사력을 다해 적
을 무찔러야 한다. 일곱째 산림이 험하고 늪이 많은 택지로써
행군하기 곤란한 지역을 비지라 한다. 가능한 한 이런 지형을
피하는 것이 상책이다.

【原文】

所由入者隘, 所從歸者迂, 彼寡可以擊吾之
소 종 유 입 자 애　　소 종 귀 자 우　　피 과 가 이 격 오

衆者, 爲圍地.
지 중 차　　위 위 지

【 세상의 변화에 대처하는 지혜 】

여덟째 추격하는 군대가 들어가는 길이 협애하고, 돌아올 때
는 먼 길을 우회할 수밖에 없다. 즉 소수의 적군이 아군을 공격
할 수 있는 지형을 위지라고 한다. 이곳은 포위되기 쉬운 지형
으로 가급적이면 근처에도 가지 않는 것이 좋다. 여기서 귀(歸)
는 '보내다' 라는 의미를 지니고 있으며, 우(迂)는 '돌아가다' 라
는 의미를 지니고 있다.

【原文】

疾戰則存, 不疾戰則亡者. 爲死地, 是故散
질 전 즉 존   부 질 전 즉 망 자   위 사 지   시 고 산

地則無戰.
지 즉 무 전

【 세상의 변화에 대처하는 지혜 】

 아홉째 일분일초라도 전쟁을 빨리 끝내는 것이 모든 병사들이
살 수 있는 지름길이다. 하지만 전쟁을 오랫동안 끌면서 싸우
게 되면 반드시 죽을 수밖에 없는 지형을 사지라고 한다. 그러
므로 산지에서는 전쟁을 절대로 하지 않는다. 따라서 아군이건
적군이건 자신의 땅에서는 절대로 전투를 벌이지 말아야 한다.

【原文】

輕地則無止, 爭地則無攻, 衢地則合交,
경 지 즉 무 지　쟁 지 즉 무 공　구 지 즉 합 교

重地則掠, 비地則行, 圍地則謀, 死地則戰.
중 지 즉 략　비 지 즉 행　위 지 즉 모　사 지 즉 전

【 세상의 변화에 대처하는 지혜 】

　경지에서는 즉 아군이 정지하여서는 안 된다. 쟁지에서는 즉 아군이 적을 공격하여서는 안 된다. 구지에서는 즉 외교로써 연합하는 것이 중요하다. 중지에서는 즉 침략하여 군수물자를 현지에서 조달한다. 비지에서는 즉시 행군하여 탈출하고, 위지에서는 책모를 이용하여 벗어난다. 사지에서는 오로지 싸울 뿐이다.

【原文】

所謂古之善用兵者, 能使敵人, 前後不相
소 위 고 지 선 용 병 자 능 사 적 인 전 후 불 상

及, 衆寡不相恃, 貴賤不相救.
급 중 과 불 상 시 귀 천 불 상 구

【세상의 변화에 대처하는 지혜】

소위, 고대로부터 전쟁을 잘하는 자는 적군으로 하여금 전후
방의 부대와 연락을 하지 못하게 하고, 좌우가 서로 구원하지
못하게 한다. 즉 귀중한 전투 부대를 지원하는 보급부대가 서
로를 구원할 수 없도록 연락망을 끊어버리는 것을 말한다. 급
(及)은 미치다, 시(恃)는 믿다, 천(賤)은 천하다의 뜻이며, 여기
서의 귀천(貴賤)은 좌우를 의미한다.

【原文】

上下不相收, 卒離而不集, 兵合而不齊,
상 하 불 상 수   졸 리 이 부 집   병 합 이 부 제

合於利而動, 不合於利而止.
합 어 이 이 동   불 합 어 리 어 지

【 세상의 변화에 대처하는 지혜 】

　상급자와 하급자가 서로 도울 수 없게 하고, 병사들을 집합시
키지 못하게 하여 분리시킨다. 적의 병사들을 분산시켜 단체로
일사분란하게 움직이는 것을 막고, 또한 적들이 집합하더라도
이를 통제할 수 없도록 방해를 한다. 이익에 부합되면 움직이
고, 이득이 없으면 공격을 중지한다. 중지하지 않으면 반드시
패한다.

【原文】

敢問, 敵衆整而將來, 待之若何? 曰,
감 문　 적 중 정 이 장 래　 대 지 약 하　 왈

先奪其所愛, 則聽矣. 兵之情主速, 乘人之
선 탈 기 소 애　 즉 청 의　 병 지 정 주 속　 승 인 지

不及, 由不虞之道, 攻其所不戒也.
불 급　 유 불 우 지 도　 공 기 소 불 계 야

【 세상의 변화에 대처하는 지혜 】

　감히 묻겠는데, 만약 적병이 잘 짜인 대열로 정비한 후 아군을 향해 공격해온다면 어떻게 대적하겠는가? 대답하기를, 적이 가장 소중하게 애용하고 아끼는 것을 탈취하면 아군의 의도대로 적군을 요리할 수 있다. 전쟁의 정리는 신속함이 중요하니 적국이 급히 출진하지 못할 때를 노리고, 적이 우려하지 못한 길로 출격하며, 적이 경계하지 아니한 곳을 공격한다.

【原文】

凡爲客之道, 深入則專, 主人不克.
범 위 객 지 도 심 입 즉 전 주 인 불 극

掠於饒野, 三軍足食.
약 어 요 야 삼 군 족 식

【 세상의 변화에 대처하는 지혜 】

무릇 다른 나라 안에 침입하는 원정군의 작전방법을 살펴보면 다음과 같다. 아군을 전직 깊숙이까지 진격시키는 것이다. 그 까닭은 깊숙이 침입하면 오로지 싸움에만 전념하기 때문에 승리를 할 수가 있다. 풍요로운 야전에서 적의 식량을 약탈해 전 부대의 식량을 충족해야 한다. 전(專)은 오로지, 략(掠)은 노략질하다의 의미다.

【原文】

謹養而勿勞, 倂氣積力, 運兵計謀, 爲不可
근 양 이 물 노   병 기 적 력   운 병 계 모   위 부 가

測 投之無所往, 死且不北.
측   투 지 무 소 왕   사 차 불 패

【 세상의 변화에 대처하는 지혜 】

원정군에게 무조건 휴식을 취하게 하여 피곤하지 않게 하고, 또한 원정군에게 사기를 진작시켜 부족한 전력을 보강해야 한다. 병사들을 운용하여 적이 눈치 채지 못하게 계략을 세우고, 왕래할 장소가 없는 곳으로 원정군을 몰아세우면, 그들은 죽기를 각오하고 싸우기 때문에 절대로 패배할 염려가 없는 것이다.

【原文】

死焉不得, 士人盡力, 兵士甚陷則不懼,
사 언 부 득　사 인 진 력　병 사 심 함 즉 불 구

無所往則固, 深入則拘, 不得已則鬪,
무 소 왕 즉 고　심 입 즉 구　부 득 이 즉 투

【 세상의 변화에 대처하는 지혜 】

　이래도 죽고 저래도 죽을 수밖에 없는 상황에 처해 있다면 병사들은 사력을 다하여 싸우게 될 것이고, 만약 병사들이 심한 함정에 빠지게 되면 죽기를 두려워하지 않으며, 왕래할 장소(빠져나갈 구멍)가 없으면 견고하게 단결하고, 적지에 깊이 들어가서는 거리낄 것 없기 때문에 부득이 하게 싸울 수밖에 없다.

【原文】

是故, 其兵不修而戒, 不求而得, 不約而親,
시 고 기 병 불 수 이 계 불 구 이 득 불 약 이 친

不令而信, 禁祥去疑, 至死無所之.
불 령 이 신 금 상 거 의 지 사 무 소 지

【 세상의 변화에 대처하는 지혜 】

이런 연유로 인해 병사들은 별다른 훈련을 받지 않아도 스스로를 경계하고, 요구하지 않아도 자연적으로 이득을 얻게 되고, 약속하지 않아도 서로 친근해지며, 명령하지 않아도 스스로가 신뢰를 지키고 있다. 또한 미신을 금지시키고 의심을 없앤다면, 죽음에 이르러서도 동요하지 않고 전쟁터에서 끝가지 싸운다.

【原文】

吾士無餘財, 非惡貨也, 無餘命, 非惡壽也.
오 사 무 여 재 비 오 화 야   무 여 명   비 오 수 야

【 세상의 변화에 대처하는 지혜 】

전쟁터에서 아군의 병사들이 재물에 대한 욕심이 전혀 없는 것은 재화를 증오하기 때문이 아니고, 더구나 생명에 집착하지 않는 것은 장수하기를 증오해서가 아니다. 다시 말해 지휘관들이 재물에 욕심이 없는 것은 재화를 싫어하기 때문이 아니며, 목숨을 아끼지 않는 것은 오래 사는 것이 싫어서가 아니다.

【原文】

令發之日, 士卒坐者涕霑襟, 偃臥者淚交頤,
영 발 지 일   사 졸 좌 자 체 점 금   언 와 자 누 교 이

投之無所往者, 諸貴之勇也.
투 지 무 소 왕 자   제 귀 지 용 야

【 세상의 변화에 대처하는 지혜 】

명령이 내려져 결전의 날이 되면 앉아 있는 병사들은 눈물로 옷깃을 적시고, 누워있는 병사들은 눈물이 턱을 적시지만, 이런 병사들을 극한상황 속으로 투입시키면 예전의 모습과는 달리 모두 전제와 조위처럼 용감해지는 것이다. 이것이 전투장의 모습이다. 제귀(諸貴)의 제(諸)는 전제로 오나라 요왕을 암살했고, 귀(貴)는 조귀로 노나라의 장군이다.

【原文】

故善用兵者, 譬如率然, 率然者, 常山之蛇也.
고 선 용 병 자　비 여 솔 연　솔 연 자　상 산 지 사 야

擊其首則尾至, 擊其尾則首至, 擊其中則
격 기 수 즉 미 지　격 기 수 즉 수 지　격 기 중 즉

首尾俱至.
수 미 구 지

【 세상의 변화에 대처하는 지혜 】

　전쟁에 능란한 자는 솔연과 비유된다. 솔연이란 상산에 사는 뱀을 말하는데, 머리를 공격하면 즉시 꼬리가 덤비고, 꼬리를 공격하면 즉시 그 머리가 덤벼든다. 그 가운데 허리를 공격하면 즉시 머리와 꼬리가 동시에 달려든다. 다시 풀이하면 군대를 철저하게 훈련시켜 하나가 희생되면 다른 하나가 그 자리를 메워 똑같이 싸우는 것을 말한다.

【原文】

敢問, 兵可使如率然乎? 曰, 可, 夫吳人與
감 문　병 가 사 여 솔 연 호　왈　가　부 오 인 여

越人相惡也, 當其同舟而濟, 而遇風, 其相
월 인 상 오 야　당 기 동 주 이 제　이 우 풍　기 상

救也, 如左右手.
구 야　여 좌 우 수

【 세상의 변화에 대처하는 지혜 】

그렇다면 과연 아군의 군대를 마치 솔연처럼 움직이게 할 수 있겠는가? 물론 충분하게 솔연처럼 움직이게 할 수가 있다. 오나라 사람과 월나라 사람은 원래 서로 증오하는 사이였다. 하지만 두 나라 사람이 같은 배를 타고 가다가 갑자기 폭풍을 만나면, 좌우의 손처럼 단결하여 서로를 구해주려고 할 것이다.

【原文】

是故方馬埋輪, 未足恃也. 齊勇若一,
시 고 방 마 매 륜　 미 족 시 야　 제 용 약 일

政之道也. 剛柔皆得, 地之理也.
정 지 도 야　 강 유 개 득　 지 리 지 야

【 세상의 변화에 대처하는 지혜 】

고로 타고 되돌아갈 말을 사방에 묶어놓고, 싣고 돌아갈 수레 바퀴를 땅에 매장하여, 강압적으로 죽기를 각오하는 것은 만족스러운 결과를 만들 수 없다. 전군을 통제하여 용감하게 하나로 일치시키기 위해서는 정치적인 지도자가 필요하다. 강한 자나 나약한자의 개괄적인 모든 힘을 얻기 위해서는 지형의 이치를 얻어야 한다.

【原文】

故善用兵者, 携手若使一人, 不得已也.
고 선 용 병 자 휴 수 약 사 일 인   부 득 이 야

【 세상의 변화에 대처하는 지혜 】

그러므로 전쟁에 능란한 장군이 큰 대형의 부대를 마치 병사의 손목을 붙잡고 가듯이 일사분란하게 하나로 통일되어 움직이게 할 수 있는 능력은, 군대를 잘 지휘함으로써 포기하거나 물러서지 않고 죽을힘을 다해 적군과 싸울 수밖에 없도록 분위기를 만들기 때문이다. 이런 능력을 가진 사람이야말로 진정한 상장군인 것이다.

【原文】

將軍之事, 靜以幽, 正以治, 能愚士卒之耳目,
장 군 지 사 정 이 유 정 이 치 능 우 사 졸 지 이 목

使之無知, 易其事, 革其謀, 使人無識,
사 지 무 지, 역 기 사 혁 기 모 사 인 무 식

易其居, 迂其途, 使人不得慮,
역 기 거 우 기 도 사 이 부 득 려

【 세상의 변화에 대처하는 지혜 】

 장군이 행하는 모든 일은 심산유곡처럼 냉정해야 하고, 엄정하게 통치해야만 한다. 병졸들의 이목을 우매하게 만들어 중요한 군사계획을 알지 못하도록 철저하게 비밀로 해야 하며, 더구나 용병술을 역으로 바꾸어 그 책모를 개혁해야 하고, 병사들을 무식하게 만들어 고급정보를 알지 못하게 한다. 그 주둔지를 수시로 바꾸고 가는 길을 우회하여 병사들이 감히 알지 못하게 한다.

【原文】

帥與之期, 如登高而去其梯, 帥與之深入諸
수 여 지 기   여 등 고 이 거 기 제   수 여 지 심 입 제

侯之地, 而發其機, 焚舟破釜, 若驅群羊.
후 지 지   이 발 기 기   분 주 파 부   약 구 군 양

【 세상의 변화에 대처하는 지혜 】

 장수가 병사들과 기약하고 나면, 고지대에 등정하게 하고 그
사다리를 치워 퇴로를 없애 전투에만 전념하게 만들듯이 하고,
장수가 병사들을 이끌어 제후의 영토에 깊숙이 침입하였을 때
는 화살을 발사하듯이 빠르게 움직이고, 배를 불사르고 가마를
파괴하듯이, 마치 군집한 양떼를 몰아 갈라지듯이 하여,

【原文】

驅而往, 驅而來, 莫知所之, 聚三軍之衆,
구 이 왕　구 이 래　막 지 소 지　취 삼 군 지 중

投之於險, 此將軍之事也.
투 지 어 험　차 장 군 지 사 야

【 세상의 변화에 대처하는 지혜 】

적군의 지형에 몰려가서 오가지만 아군의 행방을 알지 못하게 하는 것이고, 전 부대를 집결시켜 극한상황 속에 투입하는 일이 장수의 해야 할 일인 것이다. 이것을 다른 의미로 풀이해보면, 전쟁의 크고 작음을 떠나 전쟁이란 적군을 계략으로 속여야만 이기는 것으로, 과거나 현대를 막론하고 정보전이 치러졌다는 것이다.

【原文】

九地之變, 屈伸之利, 人情之理, 不可不察也.
구 지 지 변   굴 신 지 리   인 정 지 리   불 가 불 찰 야

【 세상의 변화에 대처하는 지혜 】

구지(앞에서 설명한 아홉 가지의 지형과 전술방법이다)의 입지조건에 따른 변화와 상황에 따라 굴복하여 후퇴하는 것과 진형을 펼쳐서 공격하는 것에 따른 이득을 잘 판단해야만 하고, 상황에 따른 병사들의 심리적인 변화를 세심하게 관찰해야만 한다. 이것을 무시한 채 무조건 진격명령을 내리면 백전백패한다.

【原文】

凡爲客之道, 深則專, 淺則散, 去國越境而
범 위 객 지 도　심 즉 전　천 즉 산　거 국 월 경 이

師者, 絶地也,
사 자　절 지 야

【 세상의 변화에 대처하는 지혜 】

 적지에 침입했을 때의 아군들의 전술전략은 아군이 전진 깊이
침략하면 반드시 단결하여 전투에 전념하지만, 깊이 쳐 들어가
지 않고 주변을 맴돌다가는 대열이 분산되면서 흩어진다. 본국
을 떠나 국경을 초월하여 싸우는 것이 절지라고 한다. 천(淺)은
얕을, 즉(則)은 곧, 산(散)은 흩뜨리다, 월(越)은 넘다, 사(師)는
군사 등으로 해석한다.

【原文】

四達者, 衢地也, 入深者, 重地也, 入淺者,
사 달 자 구 지 야 입 심 자 중 지 야   입 천 자

輕地也. 背固前隘者, 圍地也. 無所往者,
경 지 야   배 고 전 애 자 위 지 야   무 소 왕 자

死地也.
사 지 야

【 세상의 변화에 대처하는 지혜 】

사방으로 통해 교통이 편리한 곳(또는 사방이 모두 이웃나라
의 국경과 접경한 곳을 말한다)을 구지라고 하며, 아군이 적진
깊숙이 진입한 곳을 중지라고 하고 아군이 얕게 침입한 곳을
경지라고 한다. 등 뒤가 견고히 막히고 전방이 좁아 협애한 곳
을 위지라고 하며, 사람들이 왕래할 수 없는 곳을 사지라고 한
다.

【原文】

是故散地, 吾將一其志. 輕地, 吾將使之屬,
사 고 산 지   오 장 열 기 지   경 지   오 장 사 지 속

爭地, 吾將趨其後, 交地, 吾將謹其守,
쟁 지   오 장 추 기 후   교 지   오 장 근 기 수

衢地, 吾將固其結,
구 자   오 장 고 기 결

【 세상의 변화에 대처하는 지혜 】

 이런 까닭에 산지에서는 자기 나라 영토 안에서 싸우기 때문에 병사들의 마음을 단결시켜야 하고, 경지에서는 국경 근처에서 싸우기 때문에 각 부대와의 연락이 끊어지지 않도록 해야 하며, 쟁지는 서로가 전략요충지이기 때문에 적군의 후방을 공격해야 한다. 교지에서는 수비를 신중히 할 것이며, 구지에서는 제3국과의 외교를 공고히 해야 한다.

【原文】

重地, 吾將繼其食, 비地, 吾將進其途,
중지 오장계기식 비지 오장진기도

圍地, 吾將塞其闕, 死地, 吾將示之以不活.
위지 오장색기궐 사지 오장시지어불활

【 세상의 변화에 대처하는 지혜 】

 중지에서는 아군이 적국 깊숙이 들어가 싸우기 때문에 식량을
현지에서 조달하여 끊어지지 않게 하고, 비지에서는 숲과 습지
대와 소택지이기 때문에 쉬지 말고 가던 길을 계속 진격하게
한다. 위지에서는 도망갈 길을 막아 용감히 싸우게 하고, 사지
에서는 활로가 없음을 주지시켜 필사적으로 싸워 이기게 한다.

【原文】

故兵之情, 圍則御, 不得已則鬪, 過則從,
고 병 지 정   위 즉 어   부 득 이 즉 투   과 즉 종

是故, 不知諸侯之謀者, 不能預交.
시 고   부 지 제 후 지 모 자   부 능 예 교

【 세상의 변화에 대처하는 지혜 】

 그러므로 병사들의 심정은 포위당하면 자신을 지키기 위해 스
스로 방어하고, 상황이 불리하게 돌아가면 자진해서 용감하게
적과 싸움을 하게 되며, 위험이 지나치게 많아지게 되면 자연
적으로 명령에 복종하게 된다. 고로, 주변국의 책모를 알지 못
하는 제후는 주변국가와 유리한 외교관계를 수립할 수가 없고,

【原文】

不知山林, 險阻, 沮澤之形者, 不能行軍,
부 지 산 림　험 조　저 택 지 형 자　불 능 행 군

不用鄕導者, 不能得地利. 四五者, 不知一,
불 용 향 도 자　불 능 득 지 리　사 오 자　부 지 일

非霸王之兵也.
비 패 왕 지 병 야

【 세상의 변화에 대처하는 지혜 】

산림과 험난한 곳과 습지의 지형을 알지 못하면 행군을 하지 못한다. 그렇기 때문에 그 지방의 길 안내원을 적절하게 활용하지 못하면 지형의 이로움을 하나도 취득하지 못한다. 한마디로 말하자면 구지 중에 그 어느 것 하나라도 모르면 패권을 다투어 천하를 통일하려는 군병이라고 말할 수가 없는 것이다.

【原文】

夫霸王之兵, 伐大國, 則其衆不得聚,
부 패 왕 지 병　벌 대 국　즉 기 중 부 득 취

威加於敵, 則其交不得合. 是故, 不爭天下
위 가 어 적　즉 기 교 부 득 합　시 고　부 쟁 천 하

之交, 不養天下之權, 信己之私, 威加於敵.
지 교　불 양 천 하 지 권　신 기 지 사　위 가 어 적

【 세상의 변화에 대처하는 지혜 】

　무릇 패왕의 군병이 다른 대국을 정벌할 때면 적국이 미처 병사들을 취득하여 군대를 만들 수 없게 하고, 적에게 위협을 가할 때는 외교관계를 맺을 수가 없는 것이다. 고로, 타국과 외교를 맺으려고 경쟁하지 않고, 천하의 권세를 부양하려 하지 않고 사사로움 없는 자기를 신뢰하여, 적에게 위압을 가한다.

【原文】

故其城可拔, 其國可隳也. 施無法之賞,
고 기 성 가 발　기 국 가 휴 야　시 무 법 지 상

懸無政之令, 犯三軍之衆, 若使一人.
현 무 정 지 령　범 삼 군 지 중　약 사 일 인 고

【 세상의 변화에 대처하는 지혜 】

 고로 적의 성을 함락시킬 수가 있고, 적국을 멸망시킬 수도 있
는 것이다. (다른 해석으로) 즉 외교적으로 고립되어 있고 전력
마저 약한 나라는 쉽게 점령될 수 있다는 뜻이다. 전쟁터에서
장군은 법에도 없는 상을 베풀고, 정치에 없는 명령을 내리고,
군병을 범죄자처럼 억눌러서 마치 한 사람을 통제하는 것처럼
한다.

【原文】

犯之以事, 勿告以言, 犯之以利, 勿告以害.
범 지 이 사　 물 고 이 언　 범 지 이 리　 물 고 이 해

【 세상의 변화에 대처하는 지혜 】

장군은 병사들을 움직이게 할 때는 말보다는 우선 행동을 보여줘야만 신뢰를 쌓을 수가 있다. 그리고 이득을 얻기 위해서는 말로써 움직이게 하고, 해로움이 되는 것은 광고하지 않는다. 다시 말해 전투가 벌어지고 있는 긴박한 상황에서는 말 한마디가 병사들의 사기와 관계가 있다. 따라서 전황을 항상 유리하다고 말해야 한다는 의미다.

【原文】

投之亡地然後存, 陷之死地然後生,
투 지 망 지 연 후 존   함 지 사 지 연 후 생

夫衆陷於害, 然後能爲勝敗.
부 중 함 어 해   연 후 능 위 승 패

【 세상의 변화에 대처하는 지혜 】

병사들은 멸망할 위기상황에 처하게 되면 죽을힘을 다해 용감하게 싸워 탈출구를 만들고, 사지에 에 투입된 연후에야 자신의 목숨을 구하기 위해 용감하게 싸워 목숨을 건질 수가 있는 것이다. 이와 같이 사지의 함정에 빠진 연후에야 병사들은 살아남게 된다. 한마디로 병사들은 해로운 함정에 빠진 연후에야 승리를 할 수가 있는 것이다.

【原文】

故爲兵之事, 在於順祥敵之意, 幷敵一向,
고 위 병 지 사　재 어 순 상 적 지 의　병 적 일 향

千里殺將, 是謂巧能成事者也.
천 리 살 장　시 위 교 능 성 사 자 야

【 세상의 변화에 대처하는 지혜 】

　고로 전쟁이란, 적이 의도하는 바를 속속들이 파악하여 그에 따른 전략전술을 세운다. 그 후 적을 한 방향으로 유인하여 천리 밖에 있는 적군과 적장을 동시에 무찔러야 한다. 이것을 교묘하게 전략전술로 활용하면 반드시 전쟁에서 승리할 수가 있는 것이다. 여기서 병적일향(幷敵一向)은 두 가지로 해석되기 때문에 앞뒤 문장을 잘 이해해야 한다.

【原文】

是故政擧之日, 夷關折符, 無通其使, 勵於
시 고 정 거 지 일 이 관 절 부   무 통 기 사   여 어

廊廟之上, 以誅其事.
낭 묘 지 상   이 주 기 사

【 세상의 변화에 대처하는 지혜 】

그러므로 전쟁이 선포되면 제일먼저 하는 일이 자기 나라의
국경의 관문을 봉쇄하는 것이고, 그 다음은 국경의 경비를 강
화해서 통행을 금지시키는 것이며, 아울러 적국의 사신을 통과
시키지 않고, 조정에서는 작전 회의를 열어 전쟁에 대한 대책
을 세우는 일에 힘쓴다. 정거(政擧)는 다른 나라에 선전포고하
는 날을 말한다.

【原文】

敵人開闔, 必隙入之, 先其所愛, 微與之期,
적 인 개 합　필 극 입 지　선 기 소 애　미 여 지 기

踐墨隨敵, 以決戰事.
천 묵 수 적　이 결 전 사

【 세상의 변화에 대처하는 지혜 】

선전포고를 한 아군은 적군이 성문을 개방할 때나 허점이 보일 때 망설임 없이 재빠르게 침입하여, 가장 먼저 적이 소중하게 여기고 있는 것을 찾아서 빼앗고, 적의 미세한 틈을 잘 파악하여 기다린다. 그 다음으로는 적군의 상황에 따라 치밀한 작전 회의를 열어 전쟁에 대한 승패를 결정 짓는다. 이 결정으로 전투를 결행하는 것이다.

【原文】

是故始如處女, 敵人開戶, 後如脫兎, 敵不
시 고 시 여 처 녀   적 인 개 호   후 여 탈 토   적 불

及拒.
급 거

【 세상의 변화에 대처하는 지혜 】

 그러므로 전쟁이 시작되었을 때 처음에는 수줍은 처녀처럼 행
동하다가, 적이 이것을 본 후 방심하여 성문을 개방하면, 마치
덫에서 벗어나 줄행랑치는 토끼처럼 급하게 움직여서 적군이
미처 방어할 수 없도록 한다. 즉 앞에서도 여러 번 소개했지만
전쟁에서 승리하기 위해서는 권모술수로 상대를 속여야 한다
는 의미다.

《原文 孫子兵法》

제12권
火攻篇

불로써 공격하여 전투력을 높여라.

【原文】

孫子曰. 凡火攻有五, 一曰火人, 二曰火積,
손 자 왈   범 화 공 유 오   일 왈 화 인   이 왈 화 적

三曰火輜, 四曰火庫, 五曰火隊.
삼 왈 화 치   사 왈 화 고   오 왈 화 대

【 세상의 변화에 대처하는 지혜 】

손자가 말하길, 화공에는 다섯 가지의 종류가 있다. 첫째는 적병을 불로써 태운다. 둘째는 축적해놓은 적의 군수물자를 불로써 태운다. 셋째는 수송물자를 실어 나르는 수송차량을 불로써 태운다. 넷째는 적의 군수창고를 찾아서 불로써 태운다. 다섯째는 적병들이 많이 운집한 주력 부대나 진영을 불로써 태운다.

【原文】

行火必有因, 煙火必素具, 發火有時, 起火
행 화 필 유 인 연 화 필 소 구 발 화 유 시 기 화

有日,
유 일

【 세상의 변화에 대처하는 지혜 】

불로써 적군을 공격하는 것에는 반드시 필요한 조건이 있어야 된다. 먼저 불을 연소시킬 수 있는 도구를 평소부터 준비해 두어야 한다. 또한 불을 발화시킬 때는 적당한 시간과 이에 알맞은 날이 따로 있는 것이다. 예를 들어 비가 내리는 습한 날이나 혹은 태풍이 몰아칠 때 화공을 펼친다면 어떻게 되겠는가.

【原文】

時者, 天之燥也. 日者, 月在, 箕, 壁, 翼,
시 자   천 지 조 야   일 자   월 재   기   벽   익

軫也. 凡此四宿者, 風起之日也.
진 야   범 차 사 숙 자   풍 기 지 일 야

【 세상의 변화에 대처하는 지혜 】

화공을 펼치기에 적당한 때란 천지의 날씨가 건조할 때이고,
화공을 펼치기에 적당한 날이란 달의 운행이 기, 벽, 익, 진의
방향에 위치하고 있는 날이다. 다시 말해 달이 이 네 별자리에
위치하고 있는 날에는 틀림없이 큰 바람이 분다. 따라서 전쟁
을 수행하는 장군은 음향오행과 별자리위치와 하늘의 운기를
미리 예측하는 능력이 있어야 한다.

【原文】

凡火攻, 必因五火之變而應之, 火發於內,
범 화 공   필 인 오 화 지 변 이 응 지   화 발 어 내

則早應之於外, 火發而其兵靜者, 待而勿攻,
즉 조 응 지 어 외   화 발 이 기 병 정 자   대 이 물 공

【 세상의 변화에 대처하는 지혜 】

 그러므로 화공을 펼칠 때는 필히 다음의 5가지 상황변화에 따라 적절하게 대응해야만 한다. 첫째 적의 진영내부에서 발화가 되면, 즉시 적의 외부에 있는 아군은 재빨리 호응하여 공격한다. 둘째 발화가 되었는데도 불구하고 적의 진영이 정숙하여 동요가 없다면, 무조건 공격을 중단하고 상황을 지켜보면서 기다린다.

【原文】

極其火力, 可從而從之, 不可從而止,
극 기 화 력 가 종 이 종 지 불 가 종 이 지

火可發於外, 無待於內, 以時發之.
화 가 발 어 외 무 대 어 내 이 시 발 지

【 세상의 변화에 대처하는 지혜 】

그러다가 화력이 극에 이르렀을 때를 기다려, 공격이 가능하다면 공격하고 그렇지 않다면 공격을 중지한다. 셋째 적의 진영 외부에서 발화할 수 있을 때는, 적의 내부 상황에 개의치 말고 적당한 때에 불을 지른다. 그 방법으로는 불화살을 쏘거나 마차에 가용물을 싣고 불을 붙여 적 진영으로 밀어 넣거나 하면 된다.

【原文】

火發上風, 無攻下風, 晝風久, 夜風止,
화 발 지 풍　무 공 하 풍　주 풍 구　야 풍 지

凡軍必知, 有五火之變, 以數守之.
범 군 필 지　유 오 화 지 변　이 삭 수 지

【 세상의 변화에 대처하는 지혜 】

넷째 바람이 불어오는 쪽에서 불길이 출발했을 때는, 바람을
안은 상태에서 공격하지 말아야 한다. 다섯째 주간에 바람을
이용한 화공일 때는 아군이 그 뒤를 따라 적 진영으로 들어가
도 되지만, 야간바람을 이용한 화공일 때는 반드시 아군이 그
뒤를 따라 들어가면 안 된다. 군대는 5가지 상황에 따른 화공법
의 변화를 알고 있어야 한다.

【原文】

故以火佐攻者明, 以水佐攻者强. 水可以絶,
고 이 화 좌 공 자 명   이 수 좌 공 자 강   수 가 이 절

不可以奪.
불 가 이 탈

【 세상의 변화에 대처하는 지혜 】

 그러므로 전투가 맹렬하게 벌어졌을 때는 화공을 이용하여 공
격을 보좌하는 것이 분명하게 이득이 있고, 수공으로써 공격을
보좌하는 것 역시 강력한 아군을 얻을 수가 있다. 화공 대신 물
로써 공격하는 것은 적의 교통을 절단하여 보급을 끊을 수 있
는 이점이 있지만, 화공처럼 단숨에 적의 생명을 탈취할 수는
없다.

【原文】

夫戰勝攻取, 而不修其功者凶, 命曰費留.
부 전 승 공 취　이 불 수 가 공 자 흉　명 왈 비 류

故曰, 明主慮之, 良將修之.
고 왈　명 쥬 려 지　양 장 수 지

【 세상의 변화에 대처하는 지혜 】

적과의 전투에서 승리하고 적의 성을 공격하여 취득하더라도,
전쟁을 일으킨 목적을 이루지 못하다면 흉인데, 이것을 명명하
여 비류라고 한다. 고로 현명한 군주는 이것을 고려하고, 훌륭
한 장수는 이것을 신중하게 생각해서 전쟁의 목적에 사용한다.
여기서 비류(費留)는 '쓸데없이 경비를 사용하고 군대를 장기
간 한곳에 머물게 한다.' 라는 의미다.

【原文】

非利不動, 非得不用, 非危不戰. 主不可以
비 리 부 동　비 득 불 용　비 위 부 전　주 불 가 이

怒而興師, 將不可以온而致戰.
노 이 흥 사　장 불 가 이 온 이 치 전

【 세상의 변화에 대처하는 지혜 】

　전쟁이란 자국의 이익을 위해서 일으키는 것이다. 따라서 나라에 이익이 없으면 전쟁을 일으키지 말아야 하고, 얻는 것이 없다면 군대를 일으키지 말아야 하며, 나라가 위태롭지 않으면 싸우지 말아야 한다. 군주는 일시적인 분노에 사로잡혀 군사를 일으키지 않고, 장군은 성난다고 하여 전투를 해서는 안 된다.

【原文】

合於利而動, 不合於利而止. 怒可以復喜, 穩可
합 어 리 이 동   불 합 어 리 이 지   노 가 이 복 희   온 가

以復悅, 亡國不可以復存, 死者不可以復生.
이 복 열   망 국 불 가 이 복 존   사 자 불 가 이 복 생

【 세상의 변화에 대처하는 지혜 】

또한 나라의 이익을 계산해서 이익을 얻을 수 있다면 군사를
일으키고, 이와 반대로 종합적인 소득이 없다면 군사를 일으키
지 말아야 한다. 분노는 다시 바뀌어 희소식이 될 수 있고, 성냄
은 다시 바뀌어 즐거움이 될 수 있다. 하지만 한번 망한 나라는
다시 존재할 수가 없고, 한번 죽은 사람은 다시 살아날 수가 없
는 것이다.

【原文】

故明君愼之, 良將警之. 此安國全軍之道也.
고 명 군 신 지   양 장 경 지   차 안 국 전 군 지 도 야

【 세상의 변화에 대처하는 지혜 】

고로 현명한 군주는 가능한 한 전쟁을 일으키는 것에 대해 신중하게 결정하고, 훌륭한 장군일수록 전쟁을 경계한다. 이것이 국가를 안전하게 발전시키고, 군대를 완전하게 유지하여 적의 침략에 대비하는 길이다. 즉 동서고금을 막론하고 군주가 자국의 이익으로 일으킨 전쟁을 보면 일시적인 성공은 했지만 오랫동안 다스리지 못했다.

《原文 孫子兵法》

제13권
用間篇

정보활동은 곧 승패와 직결된다.

【原文】

孫子曰. 凡興師十萬, 出征千里, 百姓之費,
손자왈 범흥사십만 출정천리 백성지비

公家之奉, 日費千金. 內外騷動, 怠於道路,
공가지봉 일비천금 내외소동 태어도로

不得操事者, 七十萬家,
부득조사자 칠십만가

【 세상의 변화에 대처하는 지혜 】

 손자가 말하길, 10만 명의 병사를 동원하여 천리나 되는 원거리에 출정하게 된다면, 백성이 부담하는 비용과 국가의 재정이 하루에 천금이나 소비되어야 한다. 나라가 국내외적으로 소동이 일어나게 되며, 전쟁물자수송에 동원된 백성이 도로를 가득 메우고, 이로 인해 생업에 종사하지 못하는 사람이 모두 70만 호에 이르게 된다.

【原文】

相守數年, 以爭一日之勝, 而愛爵祿百金,
상 수 삭 년　이 쟁 일 일 지 승　이 애 작 녹 백 금

不知敵之情者, 不仁之至也.
부 지 적 지 정 자　불 인 지 지 야

【 세상의 변화에 대처하는 지혜 】

　이런 상황에서 적군을 상대하기 위하여 수년 동안 전쟁준비에 대비하지만, 전쟁의 승패는 하루아침에 결정된다. 이것에 투자되는 비용과 투자에 대한 리스크가 많은데도 불구하고, 작록으로 주는 백금정도의 얼마 되지 않은 돈이 아까워 아끼려다가 적군에 대한 정보를 수집하는데 지장을 초래한다면, 나라가 위태로워질 수밖에 없다.

【原文】

非人之將也, 非主之佐也, 非勝之主也,
비 인 지 장 야　비 주 지 좌 야　비 승 지 주 야

故明君賢將, 所以動而勝人, 成功出於衆者,
고 명 군 현 장　소 이 동 이 승 인　성 공 출 어 중 자

先知也.
선 지 야

【 세상의 변화에 대처하는 지혜 】

 이런 사람은 만군을 호령할 수 있는 장군감이 될 수가 없고, 군주를 보좌하기에도 부족함이 많으며, 전쟁에서 승리의 주도할 사람이 될 수가 없다. 고로 명석한 군주와 현명한 장군은 전쟁터에 기동하기만 하면 적을 섬멸하여 승리를 이끌고 남보다 출중하게 공을 세우는 까닭은, 적의 실정을 먼저 알고 있기 때문이다.

【原文】

先知者, 不可取於鬼神, 不可象於事, 不可
선 지 자 불 가 취 어 귀 신   불 가 상 어 사 불 가

驗於度, 必取於人, 知敵之情者也.
험 어 도 필 어 취 인   지 적 지 정 자 야

【 세상의 변화에 대처하는 지혜 】

 이처럼 적보다 먼저 그들의 내정을 잘 알고 있는 방법은, 귀신
에 의지하여 취득할 수 있는 것도(거북의 등껍질을 불에 넣어
태운 후 갈라진 모양을 보고 길흉화복의 점을 쳤다) 아니고, 또
한 옛 사례를 파악하여 알 수 있는 것도 아니며, 어떤 법칙의 경
험에서 알 수 있는 것도 아니다. 다만 이것은 사람을 시켜서 적
의 실정을 알아내는 것뿐이다.

【原文】

故用間有五, 有鄕間, 有内間, 有反間,
고용간유오　유향간　유내간　유반간

有死間, 有生間, 五間俱起, 莫知其道,
유사간　유생간　오간구기　막지기도

是謂神紀, 人君之寶也.
시위신기　인군지보야

【 세상의 변화에 대처하는 지혜 】

이에 따라 현명한 군주가 간첩을 이용하는 방법을 살펴보면 다음과 같은 5가지가 있다. 즉 향간, 내간, 반간, 사간, 생간 등 이다. 이런 5가지 유형의 수많은 간첩들이 적국 내에서 맡은 바 임무를 수행하기 위해 활동을 하고 있지만, 적이 이것을 눈치 채지 못하니, 이것이 곧 신기로써 군주의 보배라고 할 수 있다.

【原文】

鄕間者, 因其鄕人而用之, 內間者, 因其官人而用之,
향 간 자　인 기 향 인 이 용 지　내 간 자　인 기 관 인 이 용 지

反間者, 因其敵間而用之, 死間者, 爲廣事於外,
반 간 자　인 기 적 간 이 용 지　사 간 자　위 광 사 어 외

令吾聞知之, 而傳於敵間也. 生間者, 反報也.
영 오 문 지 지　이 전 어 적 간 야　생 간 자　반 보 야

【 게상의 변화에 대처하는 지혜 】

　향간은 적국의 사람을 유인하여 활용함이고, 내간은 적국의 관리를 포섭하여 이를 활용함이며, 반간은 적의 간첩을 포섭하여 이중간첩으로 활용함이고, 사간은 허위 사실을 외부에 유포하여, 아군의 명령을 탐문한 적의 간첩이 이를 적장에게 잘못 전달하게 하고, 생간은 반대로 돌아와 그 결과를 보고하는 것이다.

【原文】

故三軍之事, 莫親於間, 賞莫厚於間, 事莫
고 삼 군 지 사　막 친 어 간　상 막 후 어 간　사 막

密於間, 非聖智不能用間, 非仁義不能使間,
밀 어 간　비 성 자 불 능 용 간　비 인 의 불 능 사 간

非微妙不能得間之實.
바 미 묘 불 능 득 간 자 실

【 세상의 변화에 대처하는 지혜 】

　고로 삼군을 맡은 장군의 일중에서도 간첩과의 관계가 친밀해
야 하고, 간첩에게 주는 포상은 후해야 하고, 간첩의 운용은 비
밀스럽게 해야 한다. 장군이 뛰어나지 못하면 간첩을 제대로
활용할 수가 없다. 더구나 간첩을 심복처럼 믿지 못한다면 간
첩을 쓰지 못한다. 미묘한데 까지 살피지 못하면, 간첩이 제공
하는 정보의 신뢰를 파악할 수가 없다.

【原文】

微哉微哉, 無所不用間也. 間事未發,
미 재 미 재   무 소 불 용 간 야   간 사 미 발

而先聞者, 間與所告者皆死.
이 선 문 자   간 여 소 고 자 개 사

【 세상의 변화에 대처하는 지혜 】

미묘하고도 교묘한 일이다. 간첩을 제대로 활용하기만 하면,
그 어떤 곳에서도 그들을 이용하지 않는 곳이 없다. 하지만 간
첩이 정보를 수집한 후 그 기밀을 수행하지도 않은 상태에서
적국에게 발각되었다면, 그 간첩은 물론 그 정보를 발설한 자
까지 모두 죽여야 한다. 이것은 비밀유지가 생명이기 때문에
그것을 지키기 위한 어쩔 수 없는 행동이다.

【原文】

凡軍之所欲擊, 城之所欲攻, 人之所欲殺,
범군지소욕격　성지소욕공　인지소욕살

必先知其守將, 左右, 謁者, 門者, 舍人之姓名,
필선지기수장　좌우　알자　문자　사인지성명

令吾間必索知之.
영오간필색지지

【 세상의 변화에 대처하는 지혜 】

　적군을 공격하고자 욕심이 생긴다면, 적의 성을 공격하려는 욕망이 생긴다면, 적군을 살해하고자 하는 욕심이 생긴다면, 필히 우선적으로 그 수비하는 장수와 좌우에서 보조하는 측근과 고급정보를 전달하는 자, 성문을 지키는 수문장등의 성명을 먼저 알아야 하며, 아군의 간첩에게 필히 탐색하게 하여 정보를 수집하도록 명령을 한다.

【原文】

必索敵人之間來間我者, 因而利之, 導而舍之,
필색적인지간래간아자 인이리지 도이사지

故反間可得而用也. 因是而知之,
고 반간가득이용야 인시이지지

故鄉間, 內間可得而使也.
고 향간 내간가득이사야

【 세상의 변화에 대처하는 지혜 】

 적군의 간첩이 침투하여 아군의 정보를 수집하려고 왕래한다면, 간첩을 필히 수색하여 찾아낸 후 더 큰 이득으로써 유인하여 포섭하고, 잘 인도하여 적국으로 되돌려 보낸다. 이렇게 하여 반간(이중간첩)으로 이용할 수 있는 것이다. 반간을 통해 적국의 상황을 알 수 있기 때문에 향간이나 내간 등으로 이용하면 된다.

【原文】

因是而知之. 故死間爲?事可使告敵, 因是
인 시 이 지 지 　 고 사 간 위 광 사 가 사 고 적 　 인 시

而知之, 故生間, 可使如期. 五間之事, 君必
이 지 지 　 고 생 간 　 가 사 여 기 　 오 간 자 사 　 군 필

知之, 知之必在於反間, 故反間不可不厚也.
지 지 　 지 지 필 재 어 반 간 　 고 반 간 불 가 불 후 야

【 세상의 변화에 대처하는 지혜 】

반간으로 적의 상황을 알 수 있어, 사간을 이용해 허위정보를 광고하게 하여 적에게 잘못된 정보를 줄 수 있다. 또한 생간도 기약한대로 부릴 수가 있다. 이런 간첩에 대한 5가지의 일을 군주가 필히 알아야 하고, 적의 상황을 미리 알 수 있는 것은 필히 반간의 존재에 달려 있기 때문에, 반간을 후하게 대우하지 않으면 안 된다.

【原文】

昔殷之興也, 伊摯在夏, 周之興也, 呂牙在殷.
석 은 지 흥 야   이 지 재 하   주 지 흥 야   여 아 재 은

故惟明君賢將, 能以上智爲間者, 必成大功,
고 유 명 군 현 장   능 이 상 지 위 간 자   필 성 대 공

此兵之要, 三軍之所恃而動也.
차 병 지 요   삼 군 지 소 시 이 동 야

【 세상의 변화에 대처하는 지혜 】

 옛날 은나라가 흥할 때 반간 이지(이윤)가 하나라에 있었고, 주
나라가 흥할 때 반간 여아(강태공)가 은나라에 있었다. 즉 현명
한 군주와 훌륭한 장군만이 뛰어난 지혜로 간첩을 발탁할 수
있으며, 이들을 활용하여 큰 공을 이룰 수가 있다. 이것이 중요
한 용병술이고, 3군은 이런 지도자를 믿고 기동할 수가 있는 것
이다. 참고로 이지(이윤)는 은나라의 탕왕이 발탁했고, 여아(강
태공)는 주나라의 문왕이 발탁했다.

◈편저◈
대한고전연구회 편저
큰글 삼국지
큰글 수호지
논어
십팔사략
주역 등

원문 손자병법으로의 여행

1쇄 인쇄 2022년 1월 15일
1쇄 발행 2022년 1월 20일

편 저 대한고전연구회
발행인 김현호
발행처 법문북스(일문판)
공급처 법률미디어

주소 서울 구로구 경인로 54길4(구로동 636-62)
전화 02)2636-2911~2. 팩스 02)2636-3012
홈페이지 www.lawb.co.kr

등록일자 1979년 8월 27일
등록번호 제5-22호

ISBN 978-89-7535-990-3 (13150)
정가 18,000원